W0347603

À tous les remarquables entrepreneurs
rencontrés lors de l'écriture de cet ouvrage.

Des hommes et des femmes Rayonnants,
inventifs, ouverts, positifs, passionnés et ambitieux.

Accompagnés de leurs formidables équipes,
ce sont eux qui font et feront gagner nos entreprises…

ENTREPRISES RAYONNANTES
REUSSIR AUTREMENT

Les hommes et les femmes se doivent d'être dans une quête perpétuelle,
reste à choisir l'objet de cette quête.

Une entreprise est avant tout un groupe d'êtres humains.
Le faire réussir,
mais aussi grandir, s'épanouir, ***Rayonner****,*
voilà une aventure digne d'être vécue,
voilà une quête qui a du sens !

TABLE DES MATIÈRES

PRÉFACE

Sophie de Menthon, présidente d'ETHIC

« L'Humanité est une entreprise surhumaine. »

Jean Giraudoux

« Les marchés financiers sont des concours de beauté qui ne donnent pas la vraie valeur des entreprises. »

Jean-Pierre Chevènement

Effectivement, l'entreprise est coupable et responsable de tous les maux...

Et pourtant « ils l'aiment » !

C'est ce que montrent les sondages successifs d'*OpinionWay* : 86 % des français aiment leur *boîte*.

Cela fait vingt ans que les Français ne sont plus dupes des discours de gouvernements endettés ou de syndicats de mauvaise humeur présentant les entreprises comme de parfaits bouc-émissaires.

Preuve en est ces entreprises qui rayonnent car les salariés sont heureux dans leur boîte, pour de nombreuses raisons. Vouloir opposer salariés et patrons, c'est fini depuis vingt ans !

Et pourtant par idéologie politique on continue à le faire...

Et pourtant « ils l'aiment » !

Oui, ils l'aiment : leur petite entreprise de proximité, leur grande entreprise, leur start-up, leur commerce... ils en sont fiers, ils y sont attachés parce qu'ils ont contribué à sa croissance, parce qu'ils aiment leurs collègues, et même leur patron.

Ils savent que pour réussir, il faut être épanoui et ensemble.

Il y a une vraie lumière qui se dégage de certaines entreprises et la terminologie « Entreprises Rayonnantes » est particulièrement bien choisie. Car il est important aussi de rappeler, encore et encore, qu'aucune entreprise ne serait rayonnante sans un patron rayonnant ni sans les salariés reflétant cette lumière.

Non, le monde de l'entreprise ne sera jamais juste, c'est vrai. Il y aura des écarts de salaires entre le patron et les salariés, des talents méconnus, des promotions qui ne semblent pas justifiées, c'est la vie...

L'entreprise c'est la vie !

Mais quel bonheur de retenir dans ce livre euphorisant ces entreprises qui se sont dépassées en changeant de cœur de métier, ou en se lançant dans une forme d'humanitaire, en intégrant 70 % de salariés handicapés, ou bien encore en protégeant l'environnement.

Un livre qui se lit comme un roman, ou plutôt un feuilleton car les personnages changent.

Ce n'est pas un livre d'économie, ce n'est pas qu'un livre de management, c'est un ouvrage sociologique et humain dans la mesure où il raconte de belles histoires, un *conte de faits* !

Des histoires tellement belles que les auteurs ont été amenés à écrire ce deuxième opus des *Entreprises Rayonnantes*[1] !

À quand le tome 3 ?

Sophie de MENTHON

Présidente du mouvement ETHIC

Entreprises de Taille Humaine, Indépendantes et de Croissance

---

[1] Cet ouvrage fait suite à « La quête de l'Entreprise Rayonnante », écrit en 2019.

RAYONNER ?
UNE INVITATION AU VOYAGE !

La RSE[2] ? Une mode ? Une obligation ? Rayonnons, cela deviendra un accomplissement !

Il y a dix ans encore, l'acronyme RSE nous était inconnu.

Il y a trop d'acronymes. Mais pour une fois, portons attention à celui-ci.

Bousculé, bouleversé par la pandémie de la Covid, la guerre en Ukraine, les frictions sociales et sociétales, les tensions sur l'approvisionnement énergétique, les déséquilibres écologiques, la guerre économique sino-américaine, notre monde moderne se doit de réagir. Ceux qui détiennent du pouvoir sont tenus de réinventer un avenir, depuis la relation quotidienne, celle entre les voisins, les collègues et les citoyens, jusqu'à la vie entre les nations. Mais si ce nécessaire engagement sociétal ou environnemental est vécu comme un poids, une obligation législative, ou s'il est vu comme une passade, une mode, un acronyme de plus, il ne mènera à rien.

Ce livre s'adresse à ceux qui dirigent, et particulièrement aux entrepreneurs, dirigeants, cadres, à tous ceux qui ont une responsabilité dans le monde du travail, si petite soit-elle.

L'objectif de ce livre ?

Illustrer qu'un management Rayonnant
rend compatible la recherche d'un monde plus juste et plus vert avec la réussite économique

---

[2] La Responsabilité Sociétale (ou Sociale) des Entreprises.
Concept dans lequel les entreprises intègrent les préoccupations sociales, environnementales et économiques dans leurs activités et dans leurs interactions avec leurs parties prenantes, sur une base volontaire.

Avec un esprit positif, un management participatif, avec de la joie, de l'envie, de l'ambition collective et des valeurs, le combat pour une société plus juste, dans un monde plus vert, n'est pas une épreuve. C'est une consécration et même un bon moyen de se donner plus de chances pour réussir.

Alors oublions l'acronyme et Rayonnons ! Le chantier est colossal.

Dans nos entreprises, dans nos organisations, nos lieux de travail, seuls passion et management Rayonnant nous permettront d'aller de l'avant. Au-delà des obligations, loin des modes, je suis persuadé que cela sera un véritable accomplissement.

Mais rassurez-vous, ce livre n'est pas donneur de leçons.

Soyez sans crainte, ma cavité cervicale n'a pas doublé de volume après l'accueil enthousiaste de mon précédent ouvrage, « la quête de l'Entreprise Rayonnante ».

En revanche, si quelque chose a doublé, c'est le nombre d'exemples Rayonnants (je tiens à la majuscule) exposés dans ce deuxième opus ! J'ai en effet choisi de me faire discret, presque invisible, tel un détective entrepreneurial. J'ai décidé d'aller à la découverte de champions, de me lancer dans **une odyssée à la recherche de personnalités inspirantes** afin de leur donner la parole. Je suis parti en quête de créateurs de cercles vertueux, de personnes qui ont un temps d'avance.

J'ai eu la chance d'échanger avec 12 d'entre elles. Elles explorent un nouvel espace managérial. J'ai été tour à tour étonné, ému, emballé, dynamisé. Jean Lecourieux-Bory les a photographiées avec sa malice artistique et son génie pour raconter une histoire en une seule image. Nous avons surnommé ces hommes et ces femmes, avec une pointe d'humour et beaucoup d'admiration, "**les 12 Inspirants**".

Il fait bon travailler dans leurs entreprises florissantes. Ils ont un sens du collectif, sont positifs et même optimistes ! Ces dirigeants sont ébouriffants, géniaux, avant-gardistes.

La RSE, ils l'ont souvent inventée avant que l'acronyme n'existe. Ils ont mis en place dans leurs entreprises des solutions de management reposant sur des valeurs fortes, voisines de celles listées dans mon premier ouvrage.

J'y racontais les solutions originales mises en place au sein du groupe Worldcast[3], que j'ai eu le bonheur de diriger pendant plus de 20 ans.

Plus que tout, ils ont accepté de nous partager leurs secrets, leurs recettes, leurs méthodes, venant enrichir une boîte à outils utilisable par tous les lecteurs[4]. Parce que le partage est une de leurs valeurs et qu'ils savent qu'une idée, bien loin de s'affaiblir, prend de la force et grandit au rythme de sa diffusion.

Sans le savoir, le premier opus de l'Entreprise Rayonnante racontait déjà leur histoire : il parlait d'une même vision de l'entreprise et du management.

Avec Jean, l'artiste photographe, nous les avons rencontrés, interviewés, filmés[5]. Ils nous ont fait vibrer. Nous vous rapportons leurs palpitants témoignages, nos échanges et nos minutes optimistes en leur compagnie.

Nos Rayonnants entrepreneurs ont été tellement prolixes, que vous n'avez pas fini de corner les pages de cet ouvrage. Il pourrait bien devenir votre nouvelle boîte à idées, votre nouveau livre de chevet...

Ce livre a pour ambition de vous donner une idée à chaque fois que vous allez l'ouvrir

Définir une Entreprise Rayonnante ? Un management simple, cohérent, partagé et fondé sur des valeurs

Le concept d'Entreprise Rayonnante a été imaginé la première fois au sein du groupe WorldCast. Sans utopie, simplement habités par nos passions et notre soif d'avancer, nous avons décidé de trouver un chemin pour concilier les ambitions légitimes d'une entreprise privée avec le désir de vivre notre activité professionnelle comme une aventure collective, sociétale et environnementale.

---

[3] Voir une présentation du groupe WorldCast en annexe 3.

[4] En fin d'ouvrage, page 125 vous trouverez les clés managériales Rayonnantes avec des tableaux récapitulatifs des idées et bonnes pratiques évoquées au fil des différents récits.

[5] Nous avons réalisé 12 vidéos disponibles sur le site : entreprise-rayonnante.fr ; vous pouvez y accéder grâce aux codes-barres en fin de chaque chapitre.

Pour intégrer la RSE dans notre quotidien, nous avons dessiné une étoile.

Notre stratégie partagée, le cœur de notre système managérial, c'est le cœur de l'étoile.

Chaque rayon de cette étoile a pris une couleur spécifique, la couleur de nos valeurs :

Jaune pour exprimer notre foi en l'innovation humaine, généralisée dans tous les services, à 360°. Car seule l'innovation permet à une entreprise de s'adapter dans un monde en perpétuel changement. L'imagination humaine est source de solutions inespérées, impensables, surprenantes. Nous en avons besoin pour relever tous les défis sociétaux ou environnementaux. L'innovation est porteuse d'optimisme.

Nous allons rallumer l'espoir.

Innovation : rallumer l'espoir

Orange parce que le partage s'est imposé comme une joyeuse obligation. Nos organisations ne peuvent pas être égoïstes car la mondialisation nous impose de retrouver du sens. Partage financier, bien entendu, mais surtout des savoirs, des savoir-faire, des idées. Ce livre est un outil de partage : tous les témoins ont décidé de partager leurs bonnes pratiques. **Nous allons mutualiser nos récoltes.**

Partage : mutualiser nos récoltes

Vert pour affirmer avec force notre engagement environnemental. Notre monde est en crise écologique et chaque organisation a son rôle à jouer, en particulier les entreprises industrielles, souvent décriées. De l'industrie viendront les plus grands progrès, les changements radicaux et visibles, les avancées les plus impactantes.

Nous allons reverdir les déserts.

Environnement : reverdir les déserts

Bleu pour valoriser la compétence. La gouvernance de nos entreprises doit bannir les rentiers, les profiteurs internes. Entretenir des rentes de situation, qu'elles soient en haut ou en bas de la pyramide n'est pas acceptable. Mettre au pouvoir la compétence, le savoir et le savoir-faire, est preuve d'exemplarité et gage de confiance pour nos équipes.

Nous allons garder les pendules à l'heure.

Compétence : garder les pendules à l'heure

Rouge pour revendiquer nos ambitions collectives. Car nous croyons qu'une entreprise est une aventure, un projet commun à réaliser. Réussir ensemble est loin d'être un défaut. L'ambition est belle lorsqu'elle devient un objectif d'équipe, une valeur partagée.

Nous allons conquérir les sommets.

Ambition : ensemble, conquérir les sommets

Avoir des valeurs, c'est bien...

Avoir des valeurs est indispensable. C'est autour d'elles que nous pouvons construire une véritable culture d'entreprise. Sans elles, on peut glisser vers le greenwashing ou le *fake-management*[6]. Votre belle étoile Rayonnante devient alors un horrible trou noir !

Pour être Rayonnant, il faut simplement être exemplaire et porter haut les convictions affichées : dire ce que l'on fait et faire ce que l'on dit. Vive les valeurs !

... Mais cela ne suffit pas à faire une entreprise qui réussit

Cependant, si avoir des valeurs est une force indéniable, cela ne suffit pas pour transformer une aventure entrepreneuriale en succès garanti.

---

[6] En référence au livre de Loïc le Morlec : « Fake Management », pour en finir avec les fausses croyances et les modes managériales. Le **greenwashing**, ou écoblanchiment, est un procédé de marketing ou de relations publiques utilisé par une organisation pour se donner une image trompeuse de responsabilité écologique.

Ceux qui réussissent se projettent plus loin, ont une vision pour le futur et savent enthousiasmer leur collectif autour d'un projet commun.

Au fil des pages, vous constaterez que nos « 12 Inspirants » savent où ils vont. Ils appellent cela une mission, une vision, une stratégie, peu importe. Ils ont choisi un chemin et s'y tiennent.

Parfois nos équipes se rallient à un individu, à une personnalité remarquable, un dirigeant emblématique. Le plus souvent, ils adhèrent à une quête stratégique, à une vision de long terme, à une voie pour le futur.

Lorsque Worldcast est sortie de la difficile crise économique de 2008, nous avons redéfini notre stratégie et positionné des objectifs ambitieux. Le comité de direction avait de l'envie mais les collaborateurs sur le terrain étaient usés par la crise. Quand nous leur avons dit plein de fougue : *« montons sur le podium mondial de notre secteur d'activité »*, ils nous ont répondu par... un grand silence !

C'est à ce moment-là que nous avons amélioré notre management. Nous leur avons demandé individuellement - qu'ils soient ingénieur, secrétaire, technicien de production ou commercial - ce qu'il fallait faire sur leur poste de travail pour donner des chances de réussite à l'ambition de l'entreprise. Nous les avons sollicités afin de décliner cette stratégie, pourtant fraîchement accueillie, dans leur univers quotidien, dans la vraie vie.

Les propositions ont été pertinentes et nombreuses[7]. Le collectif a des idées géniales, je vous l'assure !

Et nous les dirigeants, avons fait le choix de mettre en œuvre toutes les suggestions réalisables[8] et de rendre des comptes, tous les trimestres, sur la bonne réalisation des idées retenues. WorldCast est devenu n°3 mondial. La stratégie a réussi car un beau jour d'échange et de partage, elle est devenue la stratégie de chacun et donc la stratégie de tous. Tous ensemble, nous nous sommes projetés dans l'avenir et avons décidé de choisir notre futur. Chacun s'est senti acteur de notre destin. Cela a limité la résistance au changement, car **on ne s'oppose pas au changement dont on est soi-même à l'origine**.

---

[7] Cette démarche est expliquée dans le détail dans le livre, « La quête de l'Entreprise Rayonnante ».

[8] 34 propositions sur 50, c'est-à-dire toute celles réalisables financièrement et techniquement.

Se sentir moteur du projet d'entreprise a mis en évidence le rôle de chacun des collaborateurs. Le sentiment de n'être qu'un simple pion a disparu, cédant la place à celui d'avoir la possibilité d'agir sur son quotidien en avançant dans une direction commune, vers un avenir imaginé collectivement.

Voici ce que nous avons appelé « la quête de l'Entreprise Rayonnante » :

Une stratégie claire, partagée par les équipes
Des valeurs puissantes, déclinées dans les faits
Allier l'humain et la réussite économique

Dessiner l'entreprise du futur...

Au détour de notre odyssée, Jean et moi-même avons récolté des exemples concrets, aptes à convaincre les plus réticents de la nécessaire prise en compte des défis de notre société et de notre planète dans le pilotage de nos organisations. Ces réalisations éclairantes vous seront dévoilées tout au long du récit des épopées de **Serge, Olivier, Corinne, Vincent, François, Anthony, Louis-Philippe, Pierre, Mathilde, Romain, Benjamin, Lionel et Sylvie**.

Vous découvrirez des hommes et des femmes heureux, épanouis et satisfaits du travail accompli.

Au fil des pages, vous allez bourlinguer avec des personnes magnifiques, fidèles à leurs convictions, fières de faire fonctionner l'économie, généreuses dans leurs engagements et par conséquent optimistes et confiantes pour affronter l'avenir.

Dévorez les histoires des 12 Inspirants, puis allez en page 125 pour découvrir **les clés de leur management** et la synthèse des bonnes pratiques qu'ils nous ont soufflées. Sans vergogne, copiez et diffusez tous leurs petits secrets. C'est bon pour la santé, la vôtre comme celle de votre organisation !

Merci d'embarquer à nos côtés... et bon voyage !

La sélection des "12 Inspirants" : un partenariat fructueux

Comment identifier 12 Entreprises Rayonnantes dirigées par des managers inspirants ?

Comment débusquer 12 entreprises parmi les 150 000 PME et ETI* (de 10 à 5 000 personnes) que compte notre pays ? Comment sélectionner 12 entreprises engagées sur le chemin d'un management exemplaire, participatif et positif, construit autour de valeurs fortes, engagées dans la RSE au-delà des obligations et des modes ?

Nous avons trouvé avec Crowe France un partenaire idéal pour élargir notre éventail de recherche.

Cette collaboration a également permis de professionnaliser notre méthodologie.

Chaque cabinet membre de Crowe France nous a présenté ses champions de la RSE ; des PME et des ETI moins connues que des grands groupes mais sélectionnées parmi leurs 20 000 clients. Crowe s'est assuré de leur stabilité financière, et parce que les équipes de notre partenaire sont au quotidien en contact avec le terrain, elles ont pu relever les indices de leur engagement managérial pour devenir des champions Rayonnants.

Il ne nous restait plus qu'à choisir les plus inspirants.

Bien entendu notre recherche n'est pas exhaustive. Nos territoires sont peuplés de ces individus dont les organisations ont un petit temps d'avance dans la quête d'un monde du travail à la fois performant et responsable.

Peut-être en faites-vous déjà partie. Et si ce n'est pas encore le cas, nous avons la formidable ambition de vous inviter à faire un petit bout de chemin avec nous.

** Nous avons volontairement laissé de côté les plus grandes entreprises et mis en lumière des « pépites du management » souvent méconnues.*

Crowe France est un réseau de 14 cabinets spécialisés dans l'audit, l'expertise comptable, le conseil et la gestion des risques. Il représente plus de 1 200 professionnels qui partagent une vision, une approche et des valeurs communes dédiées au service des clients. Il fait partie des 10 plus importants acteurs de ce métier en France.

LES ENTREPRISES RENCONTRÉES LORS DE NOTRE ODYSSÉE RAYONNANTE

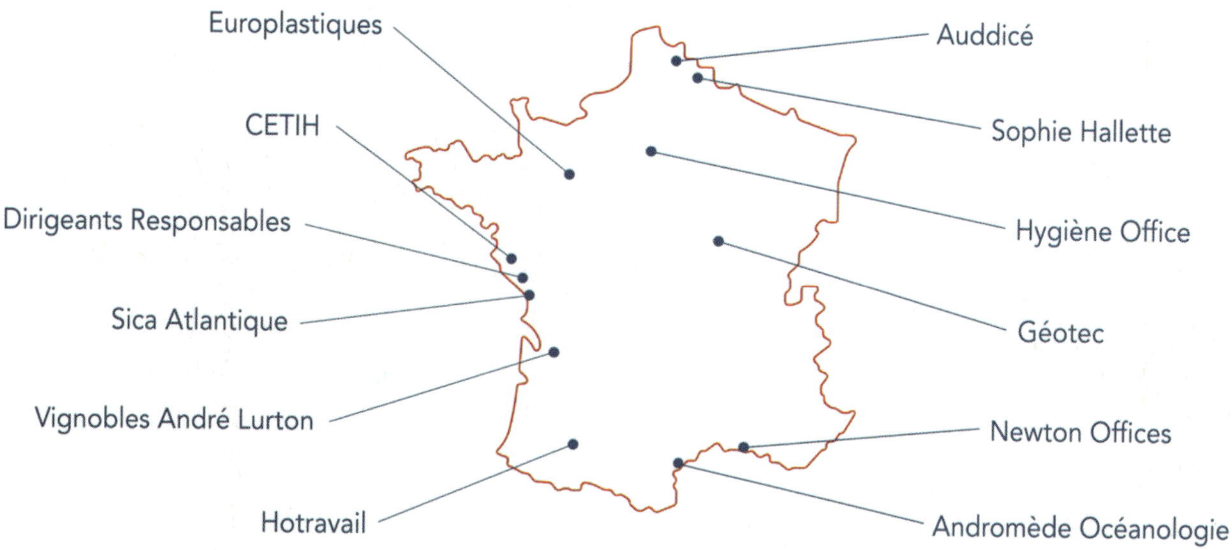

HYGIÈNE OFFICE

L'entreprise qui décoiffe

Corinne Vieillemard est une vraie patronne.

Associée avec son mari, Éric, elle a su insuffler une dynamique rare dans un métier pas vraiment glamour.

Chasser les bestioles, puces, souris, rats et autres insectes qui nous pourrissent la vie ou détruisent notre patrimoine culturel, n'est pas le rêve des nouveaux diplômés.

Pourtant cette entreprise est un lieu dans lequel il fait bon vivre.
Il y a des chiens, des chats, des femmes, des hommes, de la folie, de l'ambition.

Y a d'la joie.

Ça décoiffe.

Une histoire d'animaux

En arrivant chez Hygiène office, deux énormes chiens des Pyrénées viennent à votre rencontre, vous regardent fixement, comme pour savoir si vous êtes de leur connaissance... et puis s'en vont.

Ici, c'est la maison des animaux.

Corinne nous met tout de suite à l'aise en nous racontant une anecdote : lors d'un contrôle de l'URSSAF, le chat d'une collaboratrice est venu tranquillement s'installer sur le clavier de l'ordinateur portable de la contrôleuse. Cela nous fait sourire : contrôleur ou interviewer, tout le monde a droit à un accueil au poil !

Ce petit clin d'œil n'est pas totalement anodin. L'ambiance au sein de l'entreprise est familiale et si le métier de l'entreprise est de chasser puces, souris, rats et autres insectes piqueurs, cela n'empêche pas les collaborateurs de venir accompagnés de leur compagnon à 4 pattes !

La véritable histoire, celle de l'entreprise, peut commencer. En 1975, Edmond Charles Vieillemard est licencié. Il décide alors de se lancer dans l'entrepreneuriat et choisit la dératisation. Il doit cette drôle de vocation à l'entreprise dont il vient d'être évincé. Elle proposait un service de dératisation à sa clientèle, en complément de son activité principale. Edmond a pu constater combien l'offre dans ce domaine est inférieure à la demande. Après deux années d'activité en tant qu'artisan, Hygiène Office voit le jour.

Son fils unique, Éric, le rejoindra en 1982, avant de prendre le relais une dizaine d'années plus tard. Par la suite, il demandera à sa femme Corinne de le rejoindre et, ensemble, à parité, ils s'attacheront à faire de l'entreprise une référence non seulement sur le marché des 3D[9], mais également en termes de management. Des ambitions couronnées de succès comme en témoignent un chiffre d'affaires en constante augmentation, des salariés épanouis et la reprise, en 2011, de Bepox Charpente[10].

Plus de 70 collaborateurs font maintenant partie de la famille.

---

[9] Dératisation, Désinfection, Désinsectisation.

[10] Entreprise spécialisée dans la construction et la restauration des structures en bois.

Corinne Vieillemard, souriante et débordante d'énergie est assise en face de moi. Avant de devenir une patronne, elle a travaillé dans la comptabilité. Cette expérience bénéfique lui servira pour remettre de l'ordre au sein de la société. Le reste elle l'apprendra sur le tas. Mais les chiffres sont loin de constituer son unique baromètre. Son regard s'anime lorsqu'elle nous parle de ses équipes et je comprends rapidement que le souci de l'autre est sa seconde nature.

Très rapidement, elle va endosser son costume de cheffe d'entreprise et assumer des mandats patronaux militants. Elle est persuadée de l'importance de sortir, d'échanger, de partager, de s'engager :

« Un patron qui sort, c'est un patron qui s'en sort. »

Partage ? Sortir, mais aussi cultiver son jardin

En affaires, la notion de partage se retrouve dans l'investissement du couple au sein des différentes associations dont Corinne et Éric font partie ; la liste est longue. En défendant leurs intérêts et ceux de leur métier, en échangeant, en réfléchissant avec d'autres, ils progressent et participent à l'enrichissement commun des dirigeants. Ils savent qu'ensemble on est plus fort que tout seul.

« L'objectif c'est de changer les choses, d'être moteur dans le développement économique et social de notre activité et d'œuvrer pour le bien commun ».

Dans le monde de l'entreprise les dirigeantes sont rares : 12 % seulement dans les PME et ETI[11]. Alors même si la qualification de féministe ne lui convient pas vraiment, Corinne devient membre de l'association Femmes Chefs d'Entreprises (FCE) dès 2008. Elle en sera vice-présidente nationale et même présidente intérimaire en 2022. Dans son entreprise, la parité hommes-femmes coule de source. Avec Éric, son mari, le partage des pouvoirs est clair et égalitaire. Toutefois, elle découvre dans le monde syndical un véritable déséquilibre.

Alors elle s'engage.

---

[11] Si les femmes représentent un tiers des créatrices et créateurs d'entreprises, en flux annuel, elles ne sont que 12 % aujourd'hui à diriger une PME, de 10 à 250 salariés ou ETI de 250 à 5 000 salariés. Étude BPI France de 2022.

On n'aura pas fini pour 17 heures...
Ils ont bien profité durant le confinement !

« Un peu comme dans la dératisation, je suis rentrée dans l'association FCE par la force des choses. Une amie m'a fait prendre conscience du problème, du manque de parité au sein du milieu syndical. »

Ayant à cœur de représenter les intérêts de ses consœurs entrepreneures au sein de différentes organisations, Corinne cumule les casquettes : au MEDEF dans lequel elle s'investit sur le sujet de la santé au travail et de la RSE, à la Chambre de Commerce et d'Industrie de l'Essonne, à la CCI Régionale Ile de France où elle préside la commission « droit du travail et questions sociales », au CESER[12] jusqu'en 2020...

Elle milite aussi pour rendre son secteur d'activité plus attrayant sur le marché du travail et mieux considéré :

« Pendant l'épidémie de COVID j'ai œuvré pour que nous soyons de nouveau autorisés à travailler... les rats et autres envahissantes bébêtes ne faisaient pas de pause durant la pandémie. »

Vous avez dit non essentiel ?

---

[12] Conseil Économique, Social et Environnemental Régional.

Le partage est aussi une clé de voûte au sein même de la société.

Depuis quelques années maintenant, le jardin partagé de l'entreprise fait le bonheur des salariés d'Hygiène Office. Un espace de vie Rayonnant où chacun se retrouve pour planter, entretenir et récolter le fruit d'un labeur collectif. Dans les paniers on trouve de tout : des fruits, des raisins, des noix, et même du miel, auquel leurs clients ont également droit ! C'est une entreprise externe qui s'occupe cependant de l'extraire des ruches présentes dans le jardin : *« chacun son métier, le but ce n'est pas d'avoir un blessé ! »*

En 2017, pour fêter les 40 ans de la société, tous les salariés ont été conviés à un week-end à la montagne : salariés heureux, patrons heureux et inversement... Cela peut paraître anodin, mais certains découvraient les cimes enneigées pour la première fois. Émouvant, non ?

Chez Hygiène Office on escalade les cercles vertueux, pour le plus grand bonheur de la RSE !

Compétence ? L'insertion au cœur du recrutement

Hygiène Office se veut être une entreprise humaine qui fait la part belle à l'insertion et à la seconde chance. Logique quand on y pense, car dératiseur, ce n'est clairement pas le métier le plus prisé au monde ! Les effectifs de l'entreprise se composent donc, en grande majorité, de personnes issues de quartiers prioritaires ou de populations en difficulté. Des personnes qui arrivent généralement sans aucune connaissance préalable :

« On leur transmet nos compétences, on leur apprend à bien travailler mais surtout, on les considère et on leur apprend à aimer les gens et leur métier. L'idée est de leur faire prendre conscience de leur rôle dans la vie, celui de véritables médecins du bâtiment ! »

Pour assurer la formation de leurs salariés et la valorisation de leur profil sur le marché du travail, Corinne est sur tous les fronts. Cela lui prend du temps et de l'énergie mais les résultats sont à la hauteur de son investissement. De nombreuses formations ont ainsi été mises en place. Sa plus grande victoire ? La possibilité, pour les professionnels du secteur, d'obtenir un certificat de qualification professionnelle grâce à la CS3D[13].

---

[13] Chambre syndicale des 3D (Éric Vieillemard en est le vice-président).

Mais Corinne ne compte pas en rester là et sa feuille de route est bien remplie : un cumul emploi-retraite pour des formations encore plus pertinentes, dispensées par d'anciens employés ; un abaissement des charges sociales avec davantage d'emplois à la clé ; une attention particulière portée aux jeunes et à leur apprentissage... De quoi répondre, encore un peu plus, aux critères RSE !

Environnement ? Une préoccupation permanente !

Comme beaucoup d'entreprises ayant de nombreux véhicules, une partie de la flotte est électrique, et ce depuis de nombreuses années maintenant. Corinne sourit :

« On a eu les toutes premières voitures électriques ; au départ, les salariés pensaient qu'ils allaient tomber en panne avant d'arriver au bureau ! »

D'autres véhicules, hybrides, fonctionnant au GNV ou au bioéthanol font aussi partie du parc de véhicules.

Mais c'est au cœur même du métier que se cachent les plus gros axes de progrès.

En réponse à l'impulsion créée par la directive REACH[14], l'entreprise fait pression, depuis plusieurs années, directement ou via ses actions au sein de la chambre syndicale, sur ses fournisseurs pour qu'ils proposent des solutions plus saines.

Les résultats sont bien réels : de gros progrès ont été faits au niveau de la toxicité des produits de traitement, souvent sous forme hydrosoluble et donc moins risqués à manipuler. Les déchets sont maintenant récupérés par les fournisseurs avant d'être détruits. La sécurité et la santé au travail, ici, c'est du concret.

En interne, l'entreprise travaille avec des chercheurs pour mettre en place des procédés aussi neutres que possible sans pour autant perdre en efficacité. En résulte la mise en œuvre de méthodes plus respectueuses de l'environnement : traitements par le froid, par la chaleur ou encore par privation d'oxygène.

---

[14] La directive REACH est un règlement européen (règlement n°1907/2006) entré en vigueur en 2007 pour sécuriser la fabrication et l'utilisation des substances chimiques dans l'industrie européenne.

Innovation ? Les arts premiers du Quai Branly

Hygiène Office n'a eu de cesse d'innover, sur tous les plans, au cours des dernières décennies. Ainsi, dès 1997, elle est la première à proposer une alternative à l'insecticide pour lutter contre les termites : l'inhibiteur de chitine[15]. Sensible à la thématique environnementale, la société propose également depuis 2013, un procédé « Ice-Tech » de désinsectisation totale par le froid contre les parasites du bois et du textile, sans aucun composant chimique. En 2017, c'est l'une de leurs filles, Inès, qui lancera une nouvelle technique de purification de l'air, après avoir rejoint l'entreprise à la fin de son master.

Femme cheffe d'entreprise ?
Oxygénons nos préjugés !

Mais l'histoire la plus incroyable date de 2003, lors du déménagement des œuvres d'art à installer dans le tout nouveau musée du Quai Branly[16]. L'entreprise doit traiter pas moins de trois cent mille œuvres d'art, en bois, en tissu, en matières naturelles. Hors de question de laisser s'installer des colonies d'insectes dans ce musée flambant neuf. Accompagnée par des chercheurs du CNRS, la société va optimiser la technique de privation d'oxygène pour tuer insectes, larves et œufs.

[15] Chez les termites, seuls les ouvriers consomment du bois. Ils partagent leur nourriture grâce à des échanges trophallactiques. Le poison se répand ainsi dans la colonie. La quantité d'insecticide utilisée est ainsi grandement réduite.

[16] Le musée du Quai Branly-Jacques Chirac présente des œuvres des civilisations non européennes, Afrique, Asie, Océanie et Amériques. Il a été inauguré en 2006. La fréquentation se situait à 1,5 million de visiteurs en 2014.

Trois enceintes géantes sont construites afin de gérer sans un gramme d'insecticide cette quantité colossale d'objets d'art. Les pièces de collection y sont alors enfermées, sans oxygène. L'opération va durer 3 ans !

On peut donc être une PME et collaborer avec un grand centre de recherche afin d'atteindre l'excellence.

La technique utilisée lors de cette opération s'appelle l'anoxie dynamique[17].

Dynamique ? Comme cette incroyable PME...

Ambition ? Au rythme des équipes

La particularité des dirigeants d'Hygiène Office, c'est d'être à l'écoute. Qu'importe votre ancienneté ou le poste occupé, si votre idée est bonne vous pouvez être certain qu'elle sera retenue. Au fil des années ce mode de fonctionnement Rayonnant a su faire ses preuves et certaines prestations proposées par l'entreprise ont ainsi été améliorées, ou même créées sous l'impulsion de collaborateurs.

Le statut importe peu. Tout le monde peut proposer des idées et faire avancer la maison.

Des **réunions de partage d'expériences** sont ainsi régulièrement organisées. Elles permettent aux salariés de l'entreprise d'exprimer librement leur ressenti face à différentes problématiques qui se posent au travail : efficacité des équipements, qualité et innocuité des produits chimiques utilisés, ...

Les Vieillemard sont des adeptes de la stratégie d'opportunité. L'entreprise se construit et s'organise au rythme des propositions des collaborateurs et des nouvelles compétences qui entrent dans l'entreprise lors de recrutements. Je suis personnellement adepte des stratégies très cadrées, mais je ne peux que constater la croissance économique d'Hygiène Office : le chiffre d'affaires a été multiplié par 4 en 20 ans. Cela force le respect. Conserver la dynamique qui a fait leur succès, voilà l'ambition du couple.

Sur le long terme, c'est la nouvelle génération de Vieillemard qui s'apprête à prendre la relève.

La transmission est en cours et l'avenir de l'entreprise semble être bien assuré.

---

[17] La privation d'oxygène se fait par balayage d'azote et non pas à l'aide d'absorbeurs d'oxygène (anoxie statique).

À RETENIR

La phrase-choc :

« Un patron qui sort est un patron qui s'en sort. »

Les bonnes pratiques managériales :

Des réunions de partage d'expérience

La création de certificats de qualification professionnelle grâce au syndicat du secteur

Les exemples inspirants :

Un jardin partagé accessible à tous les salariés de l'entreprise

Des techniques et des traitements de plus en plus neutres sur le plan environnemental

Une flotte de véhicules électriques ou fonctionnant avec du biocarburant

Mieux que les discours : la parité viendra des exemples donnés par des « Corinne » épanouies et dynamiques !

Hygiène Office, c'est une aventure humaine des plus décoiffantes !

Visitez leur site internet : hygiene-office.fr

Voir la vidéo

Implantations de la société :

Wissous, département de l'Essonne (91) et ses environs

Collaborateurs :

70 personnes sur les 2 entreprises Hygiène Office et Bepox Charpente

HOTRAVAIL

Inspirant avec un grand H

Serge Dessay a une vie incroyable :
une formidable aventure au service du Handicap.

Dans son entreprise, ses collaborateurs disent chaque matin :
*« Je vais **au travail**, alors que mon handicap m'enfermait chez moi. »*

Comme un pied de nez, Serge a nommé son entreprise ***Hotravail***.

Car c'est un bonheur d'avoir une activité professionnelle,
un boulot, pour oublier le H de votre handicap.

De survivant à entrepreneur passionné

Serge et son équipe de direction sortent d'une salle de réunion...

« On s'est bien frité aujourd'hui, c'est chouette ! » Alors évidemment, j'échange un petit regard avec Jean[18]...

Serge explique : *« chez nous, on a le droit de parler, de proposer, de donner des idées... alors bien entendu, parfois, on n'est pas tous d'accord. Mais l'essentiel c'est ce qui ressort de ces discussions animées. Aujourd'hui, à la fin, on a trouvé la solution. On a fait du bon boulot ! »*

Serge Dessay nous parle de la parole libérée. Mieux vaut une idée exprimée et les polémiques qui vont avec, que l'absence d'idée. Je trouve cette vision très moderne. C'est normal, Serge est jeune.

Serge DESSAY est un jeune homme de 70 ans**.** Il a le dynamisme d'un startuper.

Serge a son bac à 15 ans. Il devient médecin à 23 ans.

Et puis il y a l'accident. Il est éjecté du transport de troupes dans lequel il se trouve durant son service militaire. Le véhicule lui retombe dessus... il est en mille morceaux et dans le coma.

Commence alors un long chemin de douleur. Serge passera plus d'une année en hôpital suivie de 6 ans en chaise roulante. Serge est un survivant qui a décidé de remarcher, qui a décidé de vivre.

Il reprend ses études pour devenir directeur de centres de rééducation fonctionnelle, à Toulouse et en Bretagne. Il a une nouvelle raison de vivre : œuvrer pour les cassés de la vie, comme lui : ***« Ils n'ont plus de métier, leur nouveau métier c'est handicapé ! C'est gratos, sans formation, hop, handicapé ! »***

C'est en 1989 que va naître Hotravail, lors d'une discussion de comptoir avec l'un de ses copains chef d'entreprise. Serge raconte régulièrement à son entourage la difficulté pour ceux qui ont eu un accident ou souffrent d'un handicap, à trouver ou retrouver du boulot. Un soir de fête sur le bassin d'Arcachon il interpelle un peu plus fort que d'habitude : *« Vous n'embauchez pas de handicapés ! »*

---

[18] Jean Lecourieux-Bory, le photographe !

Il insiste. La sympathique discussion entre amis tourne au vinaigre et la réponse est cinglante : « *Serge, tu es vraiment un français typique ; tu râles, tu dis aux autres faut faire, faut faire, mais toi, tu fais quoi ?* »

Électrochoc ! Serge décide alors de prendre au mot son interlocuteur et de se lancer dans l'aventure entrepreneuriale. Autour de lui se dressent les grandes villas du Pyla avec leurs jardins pas toujours bien entretenus. C'est le déclic. Le voilà à recruter des handicapés et à proposer des services d'entretien pour ces maisons et jardins : taille, tonte, peinture... En adaptant un poste de travail, les handicapés peuvent faire un vrai boulot de professionnel. Serge se fait prêter une maison, prend des cours de gestion pour apprendre son nouveau métier et embauche ; pas n'importe qui, des handicapés qui ont un métier entre les mains, qui souffrent d'un handicap visible ou invisible[19], mais qui ne trouvent pas de boulot.

Au bout de quelques mois l'équipe compte 20 personnes puis 25, bientôt 50.

Au début Serge fait la navette, directeur de centre en semaine, apprenti chef d'entreprise le week-end.

En 1992, c'est l'achat des premiers locaux. Hotravail s'intéresse alors à des dossiers plus conséquents : institutionnels, entreprises et collectivités. Aujourd'hui l'activité s'est élargie à l'entretien de locaux industriels, aux services dans le domaine du bâtiment, à la formation, à la menuiserie à l'ancienne, à des métiers de niche... Il élève même des moutons... et du vin !

Peut-être son investissement biodynamique au château Gautoul, sa récente acquisition viticole, lui rappelle-t-il cette soirée animée qui l'a mené tout droit vers l'entrepreneuriat ?

Aujourd'hui le groupe Hotravail propose les bras de ses 900 collaborateurs de Saintes à Narbonne en passant par Toulouse, Bordeaux ou Marciac. Sa stratégie ? Une stratégie d'opportunité mâtinée de passion pour les êtres humains : ***« Si je sais trouver ou former des collaborateurs compétents, handicapés et sans boulot, alors Hotravail peut faire... on va embaucher les bonnes personnes et aller de l'avant. »***

Serge aurait pu inventer ***la société à mission***[20] avant qu'elle n'existe officiellement.

---

[19] En France, sur 9,6 millions de personnes souffrant d'un handicap, 80 % ont un handicap qui ne se voit pas.

[20] En 2019, la loi Pacte a introduit la qualité de société à mission. Il s'agit pour une entreprise d'affirmer publiquement sa raison d'être, ainsi qu'un ou plusieurs objectifs sociaux et environnementaux qu'elle se donne pour mission de poursuivre dans le cadre de son activité. Voir l'annexe 1 consacrée à ce sujet, page 135.

Sa mission est fantastique : donner du boulot aux cassés de la vie.

Le Handicapé ? Avec ses compétences il fait avancer et gagner l'entreprise !

Management etcompétence ? On écoute puis on essaye !

Pour Serge, l'intelligence collective, la libération de la parole, l'échange, permettent de faire émerger des idées. Il définit son rôle comme celui d'un chef d'orchestre. La semaine de 4 jours en est une bonne illustration.

« La semaine de 4 jours tout le monde en parle... nous, on n'en parle pas, on l'a mise en place il y a 15 ans ». Un de ses collaborateurs de l'époque se déplace de chantier en chantier sur toute la région. Chaque soir il dort à l'hôtel. Il arrive à 17 h et s'ennuie jusqu'au repas. *« Je préférerais franchement travailler jusqu'à 19 h chaque jour et faire un jour de moins... »*. Banco, la méthode Dessay se met en marche : on écoute et ensuite on essaye ! La semaine de 4 jours est mise en place durant une semaine, ça marche ; puis un mois, ça marche encore ; puis 3 mois, ça marche toujours... alors elle est pérennisée. Depuis elle est installée sur tous les sites volontaires. Les collaborateurs sont satisfaits car ils ont participé à leur organisation du travail. L'entreprise s'y retrouve également : une nuit d'hôtel en moins à financer ! Mieux, le vendredi, tous les véhicules sont disponibles pour la révision chez le garagiste dont le planning est optimisé ; un heureux de plus. L'intelligence collective et l'écoute de tous permettent de faire émerger des idées.

« Beaucoup de gens parlent et peu de gens font ; c'est la maladie de notre monde ».

Mais bien entendu, comme partout, il y a des réticences et des freins au changement. Certains ne veulent pas travailler 4 jours par semaine, d'autres ne souhaitent pas échanger leur véhicule à moteur thermique contre une voiture électrique. Ce n'est pas grave... Serge nous dit que le temps et la conviction viennent à bout des plus résistants. Jean et moi en sommes persuadés. Qui pourrait résister à un tel enthousiasme ?

Environnement ? On essaye, avant les autres !

Serge a une grande fierté : son entreprise est devenue la première de son secteur à être certifiée ECOCERT[21] . Fini pesticides, engrais chimiques, produits phytosanitaires ou détergents. La méthode managériale de l'entreprise, qui repose sur l'expérimentation, sur le « on essaye », l'a amené à être toujours en avance sur le plan environnemental.

Des aperçus ? En voici quelques-uns, mais il faudrait un livre entier pour vous les raconter.

Pour tondre le gazon, Hotravail utilise de plus en plus souvent des matériels électriques. Les taille-haies, coupe bordures et autres tondeuses se passent ainsi de bidons d'essence. Cela élimine un produit dangereux à transporter par les salariés ! Les outils électriques sont moins lourds pour les collaborateurs, limitant de fait le risque de maladies musculosquelettiques, mais également la quantité de gaz d'échappement inhalés. Au final, un taux d'absentéisme en baisse et, comble du bonheur, des voisins paisibles : ces braves Monsieur et Madame Michu peuvent faire leur sieste en profitant de la disparition du vrombissement des moteurs thermiques, bercés par le doux feulement de l'électrique. Voici un des cercles vertueux dont Serge a le secret.

Vous n'êtes pas fan de l'électrique ?

---

[21] Le label S'EVE créé par ECOCERT est un « écolabel » destiné à valoriser les pratiques écologiques dans la gestion des espaces verts. ECOCERT est un des pionniers de la certification dans le Bio.

Ne vous en faites pas, dès qu'il le peut Serge réalise la tonte pour ses clients avec... des moutons !

L'éco-pâturage est maintenant une pratique bien installée chez Hotravail qui a sa petite ferme et son petit troupeau au Château Gautoul.

Quoi de mieux lorsque vous êtes une grande entreprise propriétaire d'une réserve foncière à entretenir, que d'y installer de charmants herbivores ?

Les moutons mangent l'herbe, leurs déjections naturelles constituent un engrais remarquable.

Il y a quelques années, Jean Lecourieux-Bory a fait cette photo illustrant « Le jour du dépassement[22] ».

Il aurait pu l'imaginer pour parler des moutons de Serge. Prémonitoire.

Hotravail, c'est aussi la première station de *smart charging*[23] en Europe. Des bornes intelligentes permettent d'utiliser l'énergie des batteries des voitures en stationnement. Les véhicules électriques de la flotte de la société sont branchés sur le réseau. Leurs batteries constituent une ressource pour le réseau public. Très utile durant les heures de pointe ! EDF les charge, les décharge à sa guise mais s'engage à ce que la batterie soit pleine à 7 h du matin lorsque les collaborateurs en ont besoin. Une fois de plus, Hotravail essaye, avant les autres. C'est ici que je découvre le Serge Dessay bon gestionnaire : ***« quand on prend le risque d'être les***

---

22 Le jour du dépassement correspond à la date de l'année, calculée par l'ONG américaine Global Footprint Network, à partir de laquelle l'humanité est supposée avoir consommé l'ensemble des ressources renouvelables que la planète est capable de produire en un an pour régénérer ses consommations ou absorber les déchets produits, dont le CO_2. Passé cette date, l'humanité puiserait donc de manière irréversible dans les réserves « non renouvelables » (à échelle de temps humaine) de la Terre.

23 Smart charging (ou charge intelligente) est un terme générique qui désigne toutes les technologies visant à optimiser la charge voire la décharge d'un véhicule électrique, en gérant la puissance de recharge du véhicule de façon efficace, flexible et économique.

premiers, on n'y va pas seuls, on a des accompagnements, des aides ». L'innovation verte permet ainsi à Hotravail de faire des économies financières. Un bel enseignement pour les hésitants : au lieu de courir derrière, il vaut mieux être devant, être le premier, c'est bon pour l'écologie et parfois pour l'économie !

Innovation ? On essaye, dans tous les domaines !

Vous l'avez compris, Serge est un innovateur de chaque instant.

Sa boîte à idée ? Le cerveau de ses collaborateurs, dont il a libéré la parole. Serge nous avoue que certains ont même l'impression, à leur arrivée dans l'entreprise, de débuter un boulot *« chez les fous »*.

Un jour, Auchan demande à Hotravail de s'occuper de l'entretien et du nettoyage des locaux en plus de leurs espaces verts. Serge dit oui, bien entendu. Mais pour faire le ménage de la plateforme logistique, les horaires sont de nuit. Serge refuse de faire travailler ses salariés la nuit : ***« déjà qu'ils sont handicapés, on ne va pas en plus les priver de leur vie de famille ! »***. Il va alors proposer à son client de changer ses habitudes. *« On essaye une semaine et si cela ne marche pas, vous ne payez rien »*.

Ce sera un succès. Surprendre ses clients, innover avec eux, leur apporter des solutions neuves, c'est ainsi que la société a gagné des marchés improbables : entretien des boîtes aux lettres de La Poste, des vélos des postiers, mais aussi des antennes de téléphonie pour Orange... Voici comment on passe de la petite création d'entreprise à l'ETI[24] en quelques années. Juste en montrant à vos clients que vous êtes prêt à innover à leurs côtés, même dans des métiers à priori peu propices à l'innovation.

Perpignan, Narbonne Montpellier, Puy-L'évêque, Marciac, les implantations se multiplient à chaque identification d'un nouveau besoin chez un client. Le premier contrat amorce la machine et permet le développement des autres activités. Ensuite, sa capacité à proposer des solutions lui permet de se développer, presque inexorablement, avec et pour ses clients... toujours en créant des emplois pour les handicapés.

Une stratégie d'opportunité, avec un grand... HO !

---

[24] ETI : Entreprise de Taille Intermédiaire, de 250 à 5 000 salariés. Serge est vice-président du Club des ETI d'Aquitaine.

Ambition ? Vive le collectif !

Serge a aussi innové dans la forme juridique de sa société. Dans le handicap pas de capitalisme, ou en tout cas pas avant Serge. Il n'y avait que des associations. Lui, était persuadé que ses collaborateurs méritaient une entreprise compétitive, comme les autres, car même handicapés ils peuvent être très performants, comme les autres. On entend déjà les critiques : Ah le méchant patron qui exploite les gentils salariés handicapés au sein d'une entreprise adaptée mais lucrative... Bouh !

Mais là encore Serge nous surprend. Il a le sens du partage.

En 2022, Serge prépare sa succession. Ce sera un de ses fils, chef d'entreprise aguerri, qui prendra bientôt la suite. Mais il veut avant cela permettre à tous ses collaborateurs de participer à la réussite de l'entreprise. Il cède 48 % des actions de la société à ses salariés ! Tous ceux qui connaissent un peu le sujet imaginent le casse-tête juridique et fiscal que cela représente. Il prend les meilleurs avocats pour imaginer une solution, va négocier avec le ministère et au final atteint son but : partager, à sa manière, celle d'un patron atypique, avec ceux qui font son entreprise, ceux qui sont au cœur de la mission de son groupe : ses collaborateurs.

Je lui demande tout de même : « et tes enfants, tes héritiers, ils en disent quoi ? »

« Ils sont d'accord bien entendu. Cette décision a été prise avec eux ! »

La prochaine ambition de Serge est de participer à la relance d'une usine d'espadrilles 100 % françaises. Dans un territoire riche d'histoire, le Pays Basque, une équipe avec des compétences déjà fortes a besoin de lui comme mentor. Quelques politiques au sein de la région Nouvelle Aquitaine soutiennent le projet et c'est le monde qui va bientôt marcher en espadrilles bleu-blanc-rouge.

Pas à pas Serge avance, ambitieux sans aucun doute, partageur c'est évident.

Partage ? Marquer des essais !

Oui, Serge est partageur. Cela se sait. Alors régulièrement on vient lui demander son aide pour soutenir une création d'entreprise, Hinnov par exemple. Cette société est dirigée par un ancien commandant de la Patrouille de France lui-même handicapé. Hinnov forme des pilotes de drones. Les salariés ? Des gendarmes, des militaires accidentés en opération. Serge les accompagne, et a choisi de n'être qu'actionnaire minoritaire. Il partage son savoir-faire d'entrepreneur.

Serge partage aussi son temps pour ses passions. Le jazz est l'une d'entre elles.

Tombé dans le bouillant chaudron de « Jazz in Marciac »[25], il est devenu partenaire et premier pourvoyeur de sponsors de ce magnifique festival estival. Alors si vous souhaitez rencontrer Serge, je vous donne un tuyau : il est à Marciac tous les étés. Il est au concert tous les soirs.

Mais attention, si vous le croisez, ne lui parlez pas boulot : le jazz c'est comme le rugby, c'est sacré !

Serge Dessay. Le jazz est sa passion !

[25] Jazz in Marciac est un festival de Jazz créé en 1978 à l'initiative d'une poignée d'amateurs. Il se déroule sur une période de trois semaines. De fin juillet à mi-août, le tout petit village de Marciac (Gers) accueille des dizaines de milliers de spectateurs. Il est devenu un des plus importants festivals de jazz en France.

À RETENIR

La phrase-choc :

« Être optimiste ce n'est pas dire qu'il n'y a pas d'emmerdes,
c'est être certain qu'on va imaginer une solution aux problèmes, ensemble. »

Les bonnes pratiques managériales :

Essayer, essayer !
Essayer 8 jours. Si ça marche, 1 mois. Si ça marche, 3 mois. Si ça marche, on pérennise

Participer à la création de startups, en lien avec sa mission, c'est bien

Les exemples inspirants :

L'électrique c'est bien aussi pour les voisins car cela fait moins de bruit

La semaine de 4 jours ? Oui, si elle est bonne pour les collaborateurs ET l'entreprise

Être parmi les tout premiers n'est pas si risqué, l'innovation est souvent largement soutenue. Osez !

Hotravail, c'est beaucoup plus encore.

Visitez leur site internet : hotravail.com

Voir la vidéo

Implantations de la société :

De Saintes à Avignon en passant par Marciac, Toulouse Narbonne ou Montpellier.

Collaborateurs :

900 personnes dont 70 % souffrent d'un handicap reconnu, visible ou invisible.

GÉOTEC

L'optimiste inspirant

Imaginez une entreprise qui fait des trous...

Imaginez une cave pleine de carottes...

Non, pas des carottes à grignoter ! Des carottes pour calibrer vos fondations, que vous construisiez un pont ou un simple pavillon.

900 personnes pour faire des trous et analyser des cailloux dans des laboratoires.

De l'optimisme à revendre,
des locaux transformés en musée d'art contemporain,
et des idées pour chauffer nos maisons sans faire de mal à la planète.

Comme le dirait Bugs Bunny : “that's all folks !”

Une entreprise qui a su faire son trou...

En arrivant chez Géotec, nous avons failli tomber dans les pommes !

Pas de vraies pommes mais les œuvres d'art d'Ernst Kapatz, en bronze, qui vous accueillent sans bouger. Une vision du réel dans ce qu'il a de plus évident et ordinaire, plein de modestie et de poésie. Ici, la culture s'expose au dehors. Pourtant, le métier de la maison est a priori assez loin de l'art contemporain.

La société fait de la géotechnique, des études de sol pour les fondations des maisons, des ouvrages d'art, des tunnels, et même des éoliennes en mer. Dès que l'on construit il faut une étude de sol. Un trou, un carottage pour récupérer un échantillon de terrain et l'analyser. Cette étude des « carottes » en laboratoire permet de faire des préconisations afin de choisir les fondations adaptées (micropieux, soutènements, radiers...).

Avant de construire la crèche de vos bambins, Géotec dira à la mairie s'il n'y a pas de risques de remontées de gaz polluants aux abords de la cour de récréation.

Vous réhabilitez un immeuble ? Géotec vous indiquera, mesures à l'appui, les précautions à prendre. Un immeuble qui s'effondre, ça n'arrive pas forcément qu'aux autres !

Créée par François Barnoud à Dijon, la société est aujourd'hui dirigée par ses fils, Olivier et Frédéric, qui continuent l'aventure avec sourire et optimisme. Tout n'a pas été facile, en particulier au début des années 2 000. Mais aujourd'hui, avec 900 personnes (dont 350 ingénieurs et 400 sondeurs sur le terrain) le groupe a de multiples implantations en France, en Belgique, en Italie et en Afrique de l'Ouest. Comment expliquer ce beau développement ? L'incroyable optimisme d'Olivier n'y est pas étranger...

« Je vois toujours le verre au quart plein avant de regarder les trois quarts vides. »

Environnement ? On a oublié la géothermie...

Olivier s'anime lorsqu'il parle d'environnement. Car une autre des activités de la société est la géothermie. Chauffer des bâtiments, des maisons en utilisant le sol pour les rafraîchir ou les réchauffer. Jean et moi restons pantois. Nous pensions que la géothermie était réservée à des cas d'application très spécifiques. Pas du tout.

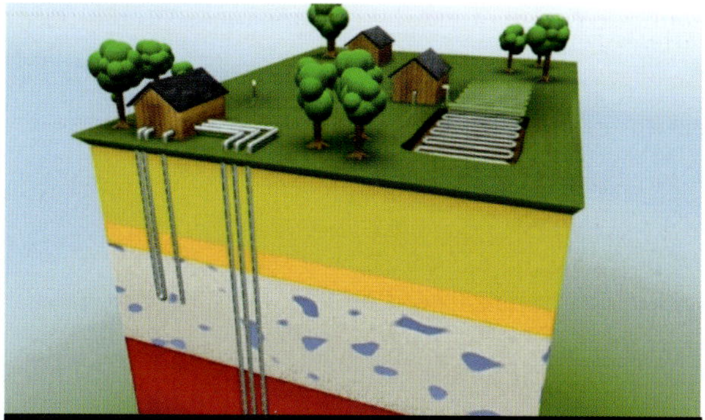
Géothermie de surface. Source BRMG.

95 % des habitations sont éligibles. C'est juste qu'en France nous sommes largement en retard : on parle photovoltaïque et éolien, mais beaucoup moins de géothermie, alors que c'est la solution idéale pour le chauffage[26].

Cela mérite quelques explications. Olivier nous parle de la géothermie de surface, avec des forages à 50 ou 100 mètres de profondeur. Le principe : faire un échange de calories entre le sous-sol et le bâtiment. L'été des calories sont envoyées sous terre, le bâtiment est rafraîchi et l'hiver on récupère les calories « stockées dans le sol » durant l'été. Quelques trous, une pompe à chaleur et le tour est joué... Le gouvernement a pris le sujet en main mais le retard est considérable. Il faut former les architectes, toute la chaîne du bâtiment. Il faudrait multiplier par 40 le nombre de professionnels aptes à installer ce chauffage super-green ! La Belgique, la Suisse ou l'Allemagne sont largement en avance. Olivier est optimiste, alors il ne se lamente pas sur notre retard : ***« Depuis 3 ans, enfin, cela démarre. Le potentiel est gigantesque pour Géotec et pour la planète. »***

Ambition ? Le cap de la cinquantaine...

La fierté d'Olivier ? Avoir pu développer rapidement le groupe tout en gardant valeurs et esprit d'équipe ; avoir su faire de la croissance externe en trouvant un équilibre harmonieux. Comment a-t-il fait ?

Tout d'abord, la stratégie de développement est imaginée par une équipe de 50 personnes constituée il y a 4 ans : « GEOTEC 2024 ». Elle a fixé le cap en définissant 6 axes prioritaires pour la société. Le choix de la croissance externe, celui du développement géographique, tous les chemins pour le Géotec de demain ont été proposés par ce groupe de travail composé de chefs d'agences, de filiales, de cadres et dirigeants du groupe.

---

[26] Le Haut-Commissariat au Plan considère possible et nécessaire le lancement d'un plan d'action ambitieux pour développer la géothermie de surface. Ce programme pourra contribuer substantiellement aux objectifs de la France en matière de souveraineté stratégique et énergétique et d'atteinte de la neutralité carbone (sortie des énergies fossiles). Rapport 2022.

Une véritable co-construction stratégique. Et quand tout le monde est en phase, tout avance plus simplement. Les croissances externes en Corse, à la Réunion, à Mayotte, en Nouvelle Calédonie ou en Italie... voulues par les équipes, sont réussies. Si bien qu'aujourd'hui le groupe de travail est reconduit. Il s'appelle maintenant « Géotec 2030 » pour se projeter 6 ans plus loin. Vous l'avez compris, même si l'actionnariat est largement familial, le management est participatif. Il n'y a pas de tyran à bord. Il fait bon vivre chez Géotec.

Une autre preuve ? 100 % des opérations de croissance externe ont été réalisées avec d'anciens partenaires. Les individus se rencontrent, ont envie de travailler ensemble et construisent un avenir commun. Au final, 90 % des rachats d'entreprises ont été des réussites. Un taux très largement supérieur à la moyenne nationale[27].

« Géotec 2024 » a aussi permis d'accélérer la digitalisation de l'entreprise en positionnant ce thème comme axe majeur de développement. Bien leur en a pris. Lors de la Covid, tous les outils étaient déjà en place pour permettre une gestion des chantiers à distance. Ouf !

Dans cette optique très participative, la possibilité de devenir actionnaire de leur entreprise est ouverte à tous les salariés. Et même s'ils ne sont propriétaires que de quelques actions de la société, cela reste une exception dans les entreprises familiales. Mais Olivier prévient : aucun dividende n'est distribué. Tous les bénéfices sont conservés pour financer les investissements, diminuer le niveau de dette et avoir une trésorerie saine. L'entreprise doit être solide pour se développer, pour le bien de tous, actionnaires ou non.

Compétence ? Donner la chance aux intrapreneurs !

Vous ne serez pas surpris d'apprendre que les « intrapreneurs[28] » sont les bienvenus chez Géotec. L'idée de s'installer en Guyane a été donnée par un collaborateur. Le développement d'activités maritimes (activité en mer) à la Rochelle est également issu d'une proposition interne et la diversification vers le diagnostic des

---

[27] Des études publiées ces dernières années estiment le taux d'échec des opérations de fusion et d'acquisition en France à plus de 70%. Le taux de réussite de Géotec est donc remarquable.

[28] On peut aussi les appeler les entrepreneurs de l'intérieur. Ils ont tout de véritables entrepreneurs, mais développent leur projet au sein de la société qui les emploie.

structures[29] a été développée à Toulouse sur la base d'une idée d'un salarié. À chaque fois, ces donneurs d'idées se retrouvent à gérer le projet proposé. C'est gagnant-gagnant. Non sans humour, Olivier nous explique que les propositions des collaborateurs sont souvent prises en compte :

« Quand il y a une bonne idée, on creuse. Et creuser, c'est notre métier ! »

Autre chantier en cours, la formation. Il n'existe pas de formation initiale de « sondeur ». Aussi, deux fois par an, des sessions de formation sont ouvertes. Les nouveaux embauchés sont recrutés sur leur envie, sur leur volonté à travailler. Restaurateur, pâtissier, maçon... ils viennent de tous les horizons pour apprendre un métier méconnu. La formation interne est un pilier essentiel quand le recrutement ne permet pas d'identifier des personnes avec une formation technique spécifique.

Innovation ? Un avantage au service des clients !

Qui dit sondeur, dit... grosse machine qui fait des trous ! Les sondeuses de la maison sont conçues et construites dans l'entreprise. Une petite équipe les conçoit, les améliore et en fabrique une grosse dizaine chaque année. Elles sont pensées pour être simples et robustes, pour durer 15 ans et être rapidement réparables. Les équipes connaissent les machines, peuvent vite recevoir une pièce de rechange et cela évite de prendre des retards sur les chantiers. C'est bon pour les clients et la qualité de

Olivier Barnoud examine une carotte... pas du tout conforme !

[29] Le diagnostic structurel peut être défini comme l'examen/inspection de la structure d'un ouvrage et des matériaux le composant afin d'en déterminer ses caractéristiques structurelles et/ou les pathologies dont les matériaux sont atteints.

service. Par ailleurs ces machines qui ont moins d'électronique en comparaison de celles disponibles sur le marché, sont des outils particulièrement adaptés à une utilisation dans les pays d'Afrique de l'Ouest, dans les filiales du groupe. À machine solide, carotte conforme ! L'innovation technologique a du bon.

Partage ? Des œuvres d'art comme s'il en poussait !

En 2019, Géotec a créé une fondation. Elle soutient des actions auprès des populations d'Afrique de l'Ouest, des actions d'aides aux personnes en difficulté en France et des missions concrètes dans le domaine écologique. Chaque année, les actions aidées sont choisies par un comité composé par des collaborateurs de la société. De nouveau, le collectif participe. 150 k€ de dons sont ainsi distribués chaque année par la société.

Géotec a toutes les caractéristiques d'une entreprise citoyenne.

Mais l'élément le plus original sur la thématique du partage est la gestion des œuvres d'art contemporain acquises dans le cadre du mécénat d'entreprise. Le fondateur, François Barnoud avait une deuxième activité : il tenait une galerie d'art à Dijon. Cela lui a permis, avec son œil de professionnel avisé, de constituer une collection remarquable : Pierre Soulages, Claude Viallat, Daniel Buren, Erró, Christo, Simon Hantaï, Bernar Venet... 70 œuvres d'art exceptionnelles.

Olivier et Frédéric ont décidé de montrer les œuvres autrefois exposées dans un seul lieu, en les installant dans les agences de la société, mais aussi, lorsqu'elles sont monumentales, dans des lieux publics comme l'un des jardins de la ville de Dijon ou dans l'école d'horlogerie de Besançon.

Évidemment, l'art contemporain n'est pas toujours d'approche très aisée. Alors comme dans un musée, un petit carton placé sous chacune des œuvres présente l'artiste et son message.

Les salariés, les clients ou les fournisseurs découvrent à chaque visite un petit rayon de culture.

Rayonnant !

Fini les carottes. Ici, on fait pousser des œuvres d'art !

Coronae Digitalis - orange de Miguel Chevalier et une pomme d'Ernst Kapatz

À RETENIR

La phrase-choc :

« Je vois toujours le verre au quart plein avant de regarder les trois quarts vides. »

Les bonnes pratiques managériales :

Le groupe de brainstorming stratégique : 50 personnes pour tracer la voie à suivre et ainsi coconstruire une stratégie qui convient à tous

Les intrapreneurs sont les premiers développeurs de l'entreprise : soutenons-les

Les exemples inspirants :

Vous construisez un immeuble, une usine, une maison ? Chauffez-vous à la géothermie !

L'art et la culture permettent de faire passer des messages. Faites entrer l'art dans votre entreprise

Une petite fondation, voici un bon moyen d'être, encore plus, une entreprise citoyenne

Géotec, c'est beaucoup plus encore.
Creusez leur site internet : geotec.fr

Voir la vidéo

Implantations de la société :

Dijon, Paris, au total 20 agences en France. Belgique, Italie, Sénégal, Guinée, Côte d'Ivoire.

Collaborateurs :

900 personnes

ANDROMÈDE OCÉANOLOGIE

RSE sous les mers

Les sirènes d'Andromède,
se trouvent en Méditerranée,
et dans les océans.

Dans le sillage de l'illustre Cousteau,
ces aventuriers des fonds marins,
scientifiques passionnés,
ingénieurs et plongeurs,
sont les nouveaux gardiens
des eaux bleues de nos côtes.

Andromède, veille au grain... de sable

Au cours de notre expédition entrepreneuriale, nous avons décidé de quitter un petit moment la terre ferme pour un petit tour sous la mer. Ici, en profondeur, on parle de RSE.

Pierre Descamp, biologiste marin de renom et plongeur professionnel, a répondu à mes questions. Avec Laurent Ballesta, son associé devenu star mondiale de la photographie sous-marine, ils ont créé Andromède Océanologie, une entreprise dont l'activité repose sur trois axes : l'exploration, la surveillance et la protection de l'environnement marin.

Laurent Ballesta est bien mieux équipé que Jean Lecourieux-Bory...

L'exploration sous-marine est portée par Laurent Ballesta connu pour les reportages qu'il effectue pour Arte, Science et Vie, National Géographic, Ça m'intéresse, Paris Match et bien d'autres média.

C'est certain, vous avez déjà vu ses reportages ou ses photographies.

Il a été le tout premier à photographier le fameux cœlacanthe [30] dans son milieu naturel.

Ramener de belles images va de pair avec une approche scientifique pour faire progresser la connaissance.

---

[30] Le cœlacanthe a longtemps été considéré comme une espèce disparue, dont seuls subsistaient des fossiles.

La surveillance, en particulier de la Méditerranée, se fait grâce à la mise en place d'indicateurs de suivi des écosystèmes marins : la bonne santé de l'herbier de posidonie[31], la qualité de l'eau, de la quantité de poissons évoluant dans la zone, l'état du coralligène[32]...

La protection de l'environnement marin passe par l'accompagnement de chantiers de grande envergure ayant potentiellement un fort impact environnemental. Il s'agit d'accompagner les entreprises et les industriels pour intégrer le mieux possible leur projet dans l'environnement marin. C'est ainsi que Pierre a accompagné les entreprises du bâtiment en charge de la construction de l'avancée de la ville de Monaco sur les eaux.

« Je me considère un peu comme un médecin des mers. Un chirurgien qui opère la jambe d'un patient. Il faut préparer l'opération de manière à ce qu'elle soit la moins impactante possible. C'est dans cette optique que j'accompagne les maîtres d'ouvrage. »

Si les expéditions de Laurent Ballesta génèrent des revenus grâce aux diffuseurs et aux sponsors privés, l'entreprise est également missionnée par des institutions telles que Rhône Méditerranée Corse, l'agence de l'eau régionale, lui permettant ainsi de pérenniser son activité. Le développement de Donia, une application informatique pour les navigateurs en Méditerranée, est également soutenue par cette même agence ainsi que par d'autres marques, à l'image du groupe Naos, fières de s'associer à une mission qui a du sens.

Médecin des mers

---

[31] La posidonie est une plante à fleur sous-marine, excellent indicateur de la qualité de l'eau et de la santé de la Méditerranée.
[32] Écosystème sous-marin caractérisé par l'abondance d'algues calcaires, dites algues coralligènes, capables de construire, par superposition d'encroûtements ou par accumulation de dépôts, des massifs comparables aux massifs coralliens.

Compétence ? La passion comme oxygène...

La passion anime l'ensemble des collaborateurs ayant rejoint Andromède au fil des années. Pourtant, sur terre comme sur mer, passion ou pas, la réglementation du travail en vigueur en matière de droit du travail est la même pour tous. C'est un sujet pointu lorsque l'on part en mer pendant un mois, confiné dans un bateau.

« Au départ, on considérait comme une chance d'offrir l'opportunité d'embarquer et de faire une mission. On sollicitait en permanence nos équipes. Leurs retours nous ont fait prendre conscience qu'on ne pouvait pas demander aux nouvelles recrues de faire les mêmes sacrifices que nous. »

Durant ces expéditions, des jours et des heures de repos ont ainsi dû être définis, comme dans tout environnement de travail qui se respecte. Par ailleurs, plonger est une activité qui recèle des dangers. Pour Pierre, il est inenvisageable de faire prendre à ses collaborateurs les risques qu'il assumait à titre personnel lorsqu'il était jeune entrepreneur-plongeur-océanographe.

Pour autant, le management au sein d'Andromède est plutôt simple. Pierre en sourit : *« On a des gens hyper qualifiés, motivés, intelligents, autonomes, donc on n'a pas besoin de trop les manager. »*

Les projets sont enthousiasmants, la plongée une passion, l'autonomie forte. Les collaborateurs savent pertinemment qu'ils auraient pu mieux gagner leur vie ailleurs, mais ils préfèrent vivre leurs rêves.

La passion partagée est un facilitateur de management !

« La racine du management, c'est de donner du sens au travail de chacun. »

Dans cet univers à la pointe de la technologie, l'apport des jeunes diplômés aux connaissances récentes et à la pointe est essentiel. Un système gagnant-gagnant s'est installé. Les plus anciens mettent à profit leur expérience pour former les nouveaux et en retour, ces derniers partagent leurs connaissances en matière de nouvelles technologies : *« Les jeunes générations nous apportent une approche théorique fraîchement mise à jour qui, sans l'expérience des anciens, serait difficile à mettre en pratique tant le milieu marin est complexe et spécifique. Travailler sous l'eau demande du temps d'apprentissage. »*

Partage ? Vivre ensemble dans un bocal...

Quand on aborde le thème du partage, la réponse de Pierre est différente de toutes celles recueillies durant notre périple : c'est de la vie en communauté dont il nous parle.

Et pour cause, durant chaque expédition il faut vivre, manger, travailler, dormir dans un endroit exigu, dans un « bocal ». Savoir échanger avec les autres est la pierre angulaire du vivre-ensemble.

Le partage des tâches sous-entend aussi le partage de valeurs communes. Chaque nouveau membre de l'équipage doit être en mesure de s'intégrer. Pour Pierre, ces expéditions sont vues comme un rite initiatique, une sorte de concours d'entrée informel. Le nouvel arrivant doit démontrer sa capacité à vivre en mer et à faire correctement son travail, mais aussi faire preuve de l'intelligence sociale nécessaire à l'exercice de ce métier. Ce n'est pas si simple de partager ses passions !

Innovation ? l'ADN de la mer !

Pour prendre soin de l'environnement marin, les innovations technologiques apportées par les nouveaux talents qui rejoignent l'équipe sont essentielles. En témoigne notamment l'utilisation de l'ADNe (ADN environnemental). À partir de prélèvements d'eau de mer et de leur analyse, il est possible de déterminer, grâce aux fragments microscopiques d'ADN qu'elles laissent derrière elles, les espèces qui sont passées à un endroit donné une heure plus tôt. Cette technique, utilisée par la police scientifique, est ici transposée aux travaux océanologiques. Cet outil incroyable permet d'identifier et de compter les espèces marines, sans même les voir !

« C'est une véritable révolution dans le domaine de la recherche et de la préservation de la biodiversité. »

En accès libre pour les plaisanciers, plongeurs, pêcheurs et amoureux de la mer, l'application Donia répond à la volonté de faire cohabiter au mieux les hommes et la Méditerranée. Développée par les équipes d'Andromède, cette innovation remarquable a été primée pour son aspect innovant dès 2013[33]. En fournissant une cartographie hyper précise des fonds marins, elle permet notamment de savoir si l'on se trouve au-dessus

---

[33] Prix Environnement et Technologie décerné par le Ministère de l'Écologie.

d'un herbier, d'une zone sablonneuse ou rocheuse : cela permet aux navigateurs de jeter l'ancre dans des zones qui s'y prêtent. Les recherches d'Andromède trouvent ici une application concrète utile pour tous.

Environnement ? Rien n'est perdu. Au boulot !

« Vu la manière dont on leur présente les choses, beaucoup de personnes pensent qu'il n'y a plus rien à faire. Je suis convaincu du contraire : rien n'est figé. En matière d'écologie il y a de nombreux défis qui nous attendent au cours des années à venir. »

Pour Pierre, la situation actuelle n'est donc pas aussi simpliste que certains discours alarmistes veulent le faire croire. Certaines observations, comme la repousse récente des posidonies, sont même encourageantes. Même si la situation est loin d'être idéale, Andromède croit possible une inversion des tendances. Il suffit d'y travailler.

Pierre nous donne une preuve illustrant cette approche à la fois combative et pleine d'optimisme. Le mouillage des grands navires au-dessus des zones d'herbiers de posidonie est maintenant interdit le long de toutes les côtes françaises. Leurs ancres imposantes créaient des dégâts considérables aux herbiers. Ce changement législatif à l'importance capitale est une des conquêtes à laquelle a participé l'entreprise.

« Malgré la petite taille de notre équipe, on a réussi à trouver l'énergie, les compétences et les méthodes pour mettre en lumière un problème et proposer des solutions dans la foulée : c'est une grande fierté. »

Quand Pierre accompagne des maîtres d'ouvrage dans leurs projets, il leur fait prendre conscience de l'impact de leurs travaux sur le cycle biologique des animaux et des végétaux marins. Près de Toulon, les eaux usées émises par la station d'épuration AmphitriA sont ainsi soigneusement étudiées afin d'évaluer leur impact sur le milieu marin : qualité des eaux, analyses sédimentaires, benthiques[34], ... Rien n'est laissé au hasard pour qu'elles soient traitées de la manière la plus efficace possible par la suite.

« Cette approche devient de plus en plus répandue et nous constatons une nette augmentation du nombre d'écologues sur les chantiers, présents pour veiller à réduire au maximum les impacts négatifs. Notre plus grande réussite c'est de former, de manière informelle, les maîtres d'ouvrage avec lesquels nous collaborons. »

---

[34] Les organismes benthiques sont des animaux ou des végétaux qui vivent fixés au sol ou qui se déplacent en rasant le fond. Ils trouvent leur nourriture dans le sédiment et en dépendent donc pour leur subsistance.

Ambition ? Rêveurs, mais certainement pas illusionnistes

Mêler science et image, apporter de la connaissance, voilà les objectifs fixés par les fondateurs d'Andromède.

« Nous nous inspirons beaucoup du travail accompli par Jacques-Yves Cousteau mais nous avons une approche plus scientifique. Nous sommes des ingénieurs, des chercheurs. L'exploration n'est pas notre seul moteur. »

Leur ambition est intacte : continuer à explorer et à découvrir, encore et encore, pour approfondir leur expertise et protéger l'environnement marin. Un rêve grandiose, sans fin, inatteignable.

Vous l'aurez compris : au sein de l'entreprise, l'ambition ne gravite pas autour d'objectifs financiers. L'argent n'est que le moyen d'atteindre ses rêves et de garder un coup d'avance par rapport à la concurrence.

J'ai demandé à Pierre sa citation préférée :

« Pour réaliser ses rêves, il faut perdre ses illusions. »

Une phrase lourde de sens qui souligne la maturité et le réalisme de ces rêveurs magnifiques rencontrés sur la plage de Montpellier.

La solidité du lien entre Pierre et Laurent, la force de leur association ont permis de surmonter les épreuves.

Mais l'aventure Andromède, à cheval entre rêve et entrepreneuriat n'a pas toujours été un long fleuve tranquille... cela se lit dans les yeux de Pierre.

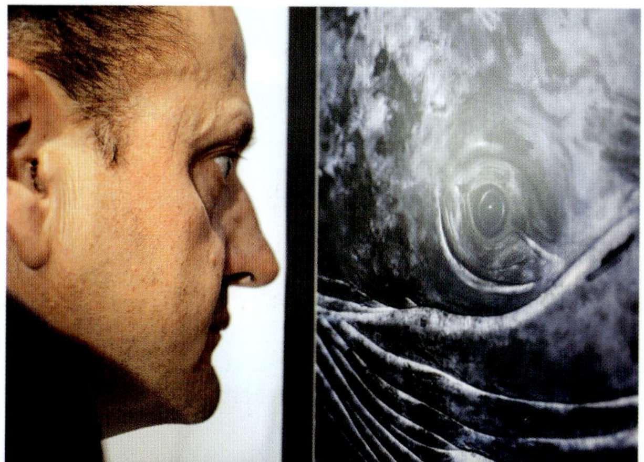

...cela se lit dans les yeux de Pierre.

La passion permet plus facilement de fixer ses ambitions, mais elle n'aplanit pas forcément la route, souvent semée d'embuches. Tous les entrepreneurs rencontrés lors de notre périple nous l'ont confirmé.

Nos Inspirants sont des entrepreneurs très semblables aux autres. Cela les rend encore plus Rayonnants.

Leur force et leur insatiable optimisme sont émouvants.

À RETENIR

La phrase-choc :

« Pour réaliser ses rêves, il faut perdre ses illusions. »

Les bonnes pratiques :

Les expéditions, vues comme un véritable rituel d'embauche

La complémentarité entre la science des jeunes recrues et l'expérience des anciens

L'importance de donner du sens au travail de ses collaborateurs

La formation informelle des maîtres d'ouvrages

Les exemples inspirants :

L'utilisation de l'ADNe pour mieux comprendre l'écosystème sous-marin

La construction des infrastructures côtières qui tiennent compte des impératifs de la mer

Une application gratuite donnant accès à la cartographie des fonds marins

Vous voulez en savoir plus sur cette entreprise ?

Plongez dans son site internet : andromede-ocean.com

Voir la vidéo

Implantation :

Mauguio, France (34130)

Collaborateurs :

Une quinzaine de personnes

SICA ATLANTIQUE

L'esprit rugby

Dans le port de la Rochelle...

Vincent Poudevigne veille aux grains.

Son regard se porte au loin.

La RSE a trouvé le bon terrain pour s'exprimer.

Toutes les cases sont cochées,

les engagements honorés...

L'essai est transformé !

Sica Atlantique : à bon port...

Une force tranquille émane de notre protagoniste.

Arrivé chez Sica Atlantique en 2007. Vincent en deviendra le directeur général 2 ans plus tard et s'emploiera à mettre au service du groupe sa combativité, acquise notamment, quelques années auparavant, sur les terrains de rugby.

Sica Atlantique, est une Société d'Intérêt Collectif Agricole[35] créée à la fin des années 1950. Née de la volonté de quelques pionniers de la filière céréalière de se tourner vers l'exportation, elle s'est développée en tant qu'opérateur logistique portuaire régional. Sa mission est de concevoir et proposer des prestations logistiques, notamment portuaires, au bénéfice des acteurs des filières agricoles et agro-industrielles, qui représentent le cœur de métier du groupe.

Elle fonctionne comme une coopérative.

Cela lui donne un intérêt particulier et enrichit le spectre de nos rencontres Rayonnantes.

Avoir comme actionnaires (ils se nomment sociétaires[36]) ses propres clients, n'est pas très commun dans le monde des affaires. Une des conséquences sensibles de cette originalité juridique est le fait de s'inscrire, par essence, dans un temps long. Vincent a donc eu la possibilité de mettre en place une stratégie, des objectifs, des investissements, un fonctionnement et un management faits pour durer.

Et il en a profité, le bougre !

La charte des valeurs internes, définie par les équipes en est une excellente illustration. Elle se résume en quatre mots : Engagement, Transparence, Respect et Équité qui forment l'acronyme ETRE.

Voici une solide ambition.

---

[35] Les SICA ont le statut de société coopérative et sont régies par la loi de du 10 septembre 1947. Un des intérêts des SICA est d'associer dans le même groupement des agriculteurs et leurs clients - négociants dans le commerce de gros ou de détail - renforçant ainsi l'ancrage territorial de la coopérative.

[36] Environ une soixantaine de sociétaires.

Ambition ? Une équipe, un cap, un capitaine

Atypique, le management de Vincent est inspiré de la gestion humaine au sein du club de rugby de la Rochelle. Au Stade Rochelais, nous dit-il, l'équipe passe avant l'intérêt personnel d'un joueur. Le club passe avant l'équipe et l'association sportive passe avant le club ; **l'intérêt collectif prime.** Même les joueurs stars doivent se plier à cette logique.

Je comprends très vite que dans la petite ville de La Rochelle, le club de rugby n'inspire pas uniquement Sica Atlantique.

Dans cette agglomération de 75 000 habitants, le club double champion d'Europe ne compte pas moins de 600 entreprises partenaires. Énorme !

Tout le monde se rencontre les jours de matchs, la distance entre les dirigeants s'estompe, la vie économique est rythmée par le calendrier du club. Le port fonctionne ainsi comme une communauté, même si elle n'est pas sportive.

Se faire des passes, la base de l'esprit d'équipe.

« On est peu nombreux, on se connaît tous et on a une capacité de discussion. Même le directeur du port est très joignable, c'est du jamais vu ! Il n'y a pas de posture, on se dit les choses. »

Les ambitions s'écrivent en commun. Associations, actions collectives, les réalisations sont légion.

Forte de ce mode de fonctionnement, la société aspire à faire profiter tout son écosystème de ses actions et de ses réussites : ses fournisseurs, ses clients, ses sociétaires, la ville. Sica Atlantique met également un point d'honneur à défendre les intérêts du monde agricole, dont elle est logiquement dépendante.

Aucune décision n'est donc prise sans que le monde agricole et l'intérêt collectif ne soient considérés. En optimisant ses prestations de la sorte, sa réputation en a bénéficié. Forte d'une solide image, la société a pu étendre sa zone d'activité : comme quoi, Rayonner, ça rapporte !

Le Comité d'Étude, sorte d'antichambre du Conseil d'Administration dont les membres sont tous issus du monde agricole, examine systématiquement les propositions de rachat d'entreprises dont l'activité est compatible avec la vision du Groupe Sica Atlantique. Même le capitalisme est coopératif. La dernière acquisition ? Un centre de formation pour faire monter en compétence toutes les personnes embauchées.

Compétence ? Savoir-être et formation

Chez Sica Atlantique, savoir-être et formation riment avec esprit d'équipe.

Comme les métiers proposés sont rares et qu'il n'existe pas ou peu de diplômes préparant les futurs collaborateurs, le rachat du centre de formation va changer la donne et faciliter le recrutement. Néanmoins, pour Vincent et ses équipes de direction, le premier critère d'un bon recrutement, par expérience, c'est le savoir-être. Leur priorité : embaucher des personnes qui ont envie de travailler chez Sica Atlantique, qui sont positives et constructives. Durant la semaine d'intégration, les nouveaux embauchés vont passer quelques heures à découvrir les différents services de l'entreprise. L'objectif ? Mieux assimiler le fonctionnement de la maison et comprendre les missions précises de leurs futurs collègues. Une sorte de « vis ma vie », dès l'intégration.

Lorsque Vincent a été nommé au poste de directeur, il lui a fallu choisir et organiser sa propre équipe. Il a confié à un cabinet de recrutement le soin de faire passer des entretiens à ses cadres pour mettre en lumière leurs compétences et leur mode de fonctionnement. De futurs conflits ont ainsi pu être évités, tout a été fait pour que chacun soit à sa « bonne » place. La méthode peut surprendre, mais Vincent s'est lui-même infligé l'épreuve du cabinet de recrutement. Une belle prise de risque et jolie preuve d'exemplarité !

L'activité de Sica Atlantique est porteuse de risques professionnels spécifiques[37].

Les silos à grains mal entretenus ou mal ventilés peuvent en effet exploser.

En plus de la mise en place de mesures de sécurité drastiques, Vincent réalise des jeux de rôles chaque année avec ses équipes, pour s'entraîner en cas d'accident grave. Ainsi, durant deux jours, sur un scénario seulement connu d'un prestataire extérieur, Vincent et ses collaborateurs sont embarqués dans une sorte de Koh-Lanta virtuel. Une simulation en temps réel, pour se préparer à toute éventualité. Si l'accident arrive, chacun aura alors les bons réflexes et réagira en personne aguerrie.

En dehors des exercices de crise, ce sont les « 3R » qui accompagnent les décisions du management : du Rythme, des Rites et des Réjouissances. Plusieurs journées du personnel et de nombreuses réunions sont donc organisées pour veiller à l'efficacité de chaque service, mais également à l'épanouissement de tous les salariés. Et cela marche. Les Sica Riders, le groupe de motards des salariés de la maison organisent régulièrement des balades durant lesquelles ils arborent fièrement le logo de la société sur leur véhicule à 2 roues. Niveau cohésion, on peut dire que ça roule... !

« Quand le management est mauvais, les bons s'en vont ;
quand le management est bon, les mauvais s'en vont. »

Environnement ? Un esprit sain dans un port sain

Le silo de Sica Atlantique est celui qui possède le plus gros taux d'approvisionnement ferroviaire en France : 35 % des avitaillements totaux de l'entreprise. Diminuer l'approvisionnement par camion est un choix environnemental qui permet de réduire largement les émissions de CO2. Pour atteindre cet objectif, les parties prenantes au dossier, dont Sica Atlantique, ont dû négocier avec les différents intervenants publics et privés pour que les voies ferrées soient entretenues et ne disparaissent pas. Développer le fret ferroviaire est un travail de longue haleine, mené en collaboration avec la communauté portuaire.

---

[37] Dans un silo, les céréales peuvent dégager du gaz si elles fermentent. En période d'exploitation, beaucoup de poussières sont en suspension. Il suffit d'une étincelle ou une élévation locale de température trop importante pour qu'ait lieu une explosion.

MER (Matières Énergies Rochelaises) est une association qui promeut les bonnes pratiques et l'innovation en faveur de la transition écologique. Par exemple, le développement d'une boucle énergétique portuaire où les entreprises disposant d'installations bien orientées vont créer de petits parcs photovoltaïques. L'électricité ainsi produite sera ensuite partagée entre les différentes entreprises du port. Lumineux, n'est-ce pas ?

Pour couronner le tout, des environnementalistes sont reçus chaque année. Ces rendez-vous annuels permettent de prendre en compte les problématiques qu'ils soulèvent, et de réfléchir aux différents moyens pouvant être déployés pour y répondre. En tant qu'industriel, l'échange avec les associations écologistes ou de quartier est une ligne de conduite prônée par Vincent. Le dialogue permet toujours de faire avancer les sujets.

Innovation ? Dans l'ADN de la société

Sica Atlantique était innovante dès sa création : c'est le premier silo d'exportation de céréales créé en France. L'innovation fait partie de l'ADN de la société. En guise d'illustrations, la création d'un silo à chargement rapide rendant possible le chargement de trains, un système de sécurité incendie pour les silos à grains conçu, testé et validé pour la première fois en France à La Rochelle ; la liste est longue. En interne, le fonctionnement de la société repose de plus en plus sur le numérique. Le système d'accès nomade aux serveurs mis en place par le service informatique il y a des années est une innovation qui a pris tout son sens pendant la crise de la Covid.

Partage ?
Une communauté soudée, un port épique !

Les rachats d'entreprises dont nous avons parlé plus haut se font souvent en collaboration avec d'autres entreprises. C'est le cas pour le centre de formation récemment acquis avec une entreprise voisine.

C'est désormais toute la communauté portuaire qui bénéficie de cet outil pédagogique situé au cœur du port !

Plus récemment encore, une nouvelle acquisition a été réalisée à 3 entreprises. Cette fois, c'est une SS2I (Société de Services en Ingénierie Informatique) qui a été rachetée : *« On préfère se partager une belle opportunité plutôt que d'être seul, de passer à côté et de s'en mordre les doigts par la suite. »*

Au sein de l'entreprise, le partage se manifeste à travers un CSE (Comité Social et Économique) très présent, organisateur de nombreux événements pour les salariés. À titre d'exemple, on pourra parler de la journée des familles. Cette action permet aux salariés de faire visiter leur lieu de travail à leur entourage. Tout en partageant avec leurs proches sur leur métier, ils renforcent leur fierté de faire partie de Sica Atlantique.

Le partage transpire des murs, de manière très concrète.

L'enceinte d'un terrain non-constructible situé en face du siège de la société est ainsi repeint à neuf puis graffé chaque année dans le cadre d'un concours organisé par une association de quartier. Un thème est imposé aux graffeurs. Cela permet de mener une action constructive avec les jeunes des quartiers et, cerise sur le gâteau, cela évite à tous les murs des entreprises de la zone de devenir un lieu d'expression graphique sauvage.

Ce mur, Jean l'a photographié pour enjoliver cette double page : une remarquable œuvre d'art.

Le fonctionnement de Sica Atlantique est en harmonie avec celui du port. La communauté portuaire se veut ainsi très solidaire et cherche à faire avancer tout le secteur, sans exception.

À la clé : plus de dialogues, plus de partages, un site portuaire plus apaisé que les autres...

La Rochelle, ville Rayonnante ?

À RETENIR

La phrase-choc :

« Quand le management est mauvais, les bons s'en vont ;
quand le management est bon, les mauvais s'en vont. »

Les bonnes pratiques managériales :

S'inspirer du management d'un club de rugby double champion d'Europe

Mettre en place les 3R (Rythme, Rites et Réjouissances)

Travailler avec ses voisins, comme dans un village, comme à La Rochelle

Avoir son propre centre de formation pour pallier les difficultés de recrutement

Les exemples inspirants :

La mise en place d'une boucle énergétique au sein de la communauté portuaire

Une journée des familles pour rendre fier de son entreprise

L'organisation d'un concours de graff sur un mur entourant une zone non-constructible

Embarquez pour l'aventure Sica Atlantique !

Visitez leur site internet : sica-atlantique.com

Voir la vidéo

Implantations de la société :

La Rochelle-Pallice et Tonnay-Charente

Collaborateurs :

150 personnes

NEWTON OFFICES

Les Rayonnants de l'espace

Chez Newton Offices,
à pleine dents, on croque dans la RSE.

Face à la gravité universelle des enjeux écologiques,
ils cherchent à inventer l'attraction universelle
pour attirer talents et résidents[38].

Pommes, bureaux et valeurs, tout est partagé.
Et surtout, ils mettent en place des
machines à avoir des idées.

"Si tu as une pomme, que j'ai une pomme,
et que l'on échange nos pommes,
nous aurons chacun une pomme.
Mais si tu as une idée, que j'ai une idée
et que l'on échange nos idées,
nous aurons chacun deux idées."
Georges Bernard Shaw.

38 Plutôt que de parler de clients, Newton Offices les appelle ses résidents.

Newton Offices, bien plus que des espaces de travail...

Je ne vais pas vous mentir, avec Jean, on se demandait bien comment Newton Offices, une PME dont l'activité consiste à louer des espaces de travail en régions, à louer des bureaux, pouvait avoir sa place dans cet ouvrage. Avant de les rencontrer nous imaginions qu'être industriel était presque une condition préalable pour avoir de l'impact... alors un centre d'affaires, un espace de coworking ? Nous nous trompions !

Au cours de nos entretiens avec Anthony Anziani, l'un des deux dirigeants de l'entreprise, et Widya Putri, la chargée de mission RSE, nous sommes allés de (bonnes) surprises en (très bonnes) surprises.

Newton Offices a été créée fin 2016 par Guillaume Pellegrin, également président fondateur de Tivoli Capital, investisseur et opérateur immobilier qui a travaillé pour le compte d'institutionnels comme Covivio ou Primonial... Parmi les actifs d'un de leurs clients, un immeuble marseillais dont il fallait améliorer l'attractivité : c'est la naissance de Newton Offices.

Désormais présente aux quatre coins de la France, l'entreprise loue donc en régions, des espaces de travail de manière flexible au sein d'immeubles de bureaux confortables, éco-aménagés ou éco-construits.

Un service client à croquer !

La PME défend une vision moderne des espaces de travail en permettant à ses clients de disposer d'un lieu qui facilite la mise en œuvre de leur politique RSE, de vrais lieux de travail, de vrais services, et pas seulement un salon transformé en bureau.

Les surfaces louées sont flexibles et adaptables afin d'offrir aux clients la possibilité de réagir aux changements des modes de travail en temps réel, pour un usage plus libre que jamais.

Environnement ? Du sol au plafond, tout repenser

Anthony nous sensibilise à la frugalité naturelle de son métier.

L'activité de Newton Offices est, par définition, écoresponsable. Pas de mètres carrés inutiles lorsque vous louez dans un mode hyper flexible. Pas besoin d'anticiper le futur et de louer des surfaces pour prévoir un développement d'activité, ou d'investir dans une salle de réunion vide 80 % du temps. L'utilisation des mètres carrés est ainsi optimale. Vous louez ce dont vous avez besoin quand vous en avez besoin. Et vous bénéficiez même d'équipements communs que vous n'auriez pas envisagés avec un bail commercial classique 3/6/9 : salle de repos, salle de sport... Si tout le monde était en location flexible, des millions de mètres carrés de bureaux ne seraient pas à construire ! Mais ce constat, n'est pas suffisant.

L'ombre de la question environnementale plane en effet sur toutes les décisions que prend Newton Offices et pour disposer de locaux « verts », Newton rénove et construit selon ses propres critères.

En amont, l'entreprise n'hésite pas à mettre la main à la poche. De gros investissements, pour disposer de bâtiments construits ou rénovés de la manière la plus écologique possible. La quasi-totalité des bâtiments qu'ils exploitent dorénavant sont certifiés BREEAM[39], avec des scores supérieurs à 70 %, ce qui est extrêmement rare sur le marché : *« De bout en bout, depuis l'acquisition jusqu'à l'exploitation du bâtiment, on demande à nos promoteurs, nos architectes et plus globalement à tous ceux avec qui l'on collabore, d'intégrer les solutions les plus écoresponsables possibles. »*

Leur métier ? **Être éco-architectes** autant que loueurs de bureaux.

En aval, l'idée est de conjuguer sensibilisation des résidents et mesures concrètes. Ici, l'organisation d'une journée de l'environnement, là, l'installation de bornes électriques. Newton Offices compense également une partie de ses émissions de gaz à effet de serre et n'a pas hésité à installer des ruches sur le toit de ses bâtiments

---

[39] Le BREEAM, (pour « Building Research Establishment Environmental Assessment Method ») est un standard de certification britannique relatif à l'évaluation environnementale des bâtiments. C'est la certification la plus répandue à l'international et c'est depuis 2013 que son utilisation s'est développée en France.

d'Aix-en-Provence et de Montpellier. Des ruches... un beau symbole pour ceux qui partagent leurs alvéoles professionnelles !

Quant à l'offre économique, elle s'inscrit totalement dans la dynamique de l'entreprise. Ainsi, grâce au programme « Bureau à Impact », les associations ou jeunes entreprises à vocation solidaire bénéficient d'une remise de 50 % sur les tarifs normalement pratiqués.

Simple et concret.

Partage ? Les fondations de l'entreprise !

Cette notion de partage se retrouve également dans la mise à disposition des espaces de travail inutilisés à des associations locales. Le week-end, une autre vie commence dans les bureaux de Newton Offices.

Un joli geste inspirant, qui devrait peut-être se généraliser...

À Marseille, c'est par exemple l'association Le Sel de la Vie qui profite de ce joli geste. Elle lutte contre les inégalités, les discriminations et les ségrégations dans les quartiers populaires.

« Accompagner des associations portant de belles valeurs fait partie de la raison d'être de Newton Offices ».

Dans la même lignée, et pour encourager l'implantation de nouvelles entreprises dans les régions, Guillaume Pellegrin a même créé son podcast « Extra Muros », donnant ainsi vie à une phrase que lui a prêtée Anthony :

« Briller, c'est bien... mais en éclairant le chemin pour les autres, c'est encore mieux ! »

À chaque épisode, long d'environ une heure en moyenne, des dirigeants d'entreprises basées ou implantées en dehors de Paris, interviewés par Guillaume, dévoilent les coulisses de leur succès et expliquent en quoi le choix de s'implanter en province a été crucial à leur bon développement. Bien souvent, on y parle RSE, comme avec ManoMano à Bordeaux, Greenweez à Annecy, Comme Avant aux Pennes Mirabeau, Faguo à Nantes, Laboratoires Expanscience (Mustela) à Épernon... Avis aux curieux !

Les mises en place d'opérations autour de la thématique du partage sont légion, d'autant que tous les collaborateurs sont encouragés à apporter leur pierre à l'édifice.

Chaque année ils se voient offrir une journée[40] durant laquelle ils restent rémunérés par la société mais s'investissent dans une association, autour d'un thème qu'ils ont préalablement choisi. Un employé passionné de cuisine pourra ainsi animer un atelier sur l'importance d'une alimentation saine ou mettre ses talents au service d'un public en difficulté.

Dans cette création de cercles vertueux, la société n'oublie jamais ses clients... qui vivent dans la même « ruche » que les collaborateurs de Newton Offices. Pour les résidents, des « cool business meetings » sont organisés dans l'optique de leur permettre de mieux se connaître. Ce partage d'expérience participe à une ambiance générale bienveillante et débouche même parfois sur de nouvelles collaborations.

La RSE et le business font bon ménage.

Ambition ? Affirmer ses valeurs !

Mais lorsqu'on choisit de devenir société à mission, comme nombre de sociétés présentes dans ce livre, cela signifie que l'économique n'est pas le seul objectif. Chez Newton Offices, la mission est d'accompagner le déploiement de l'économie dans les territoires.

Concrètement, cette raison d'être se décline autour de trois piliers :

- Soutenir le développement économique dans les territoires d'implantation de Newton Offices.
- Développer des actions collaboratives au sein de l'écosystème local composé des associations, des commerçants, des pouvoirs publics, des accélérateurs, des incubateurs...
- Œuvrer pour la transition écologique en proposant des immeubles plus vertueux et une activité la moins énergivore possible.

La présence de Widya Putri responsable RSE à temps plein, secondée par une apprentie, donne le ton : niveau RSE, les engagements sont forts.

---

[40] Dans le cadre du mécénat de compétence, l'entreprise met gracieusement des collaborateurs à disposition d'un organisme d'intérêt général. C'est une forme de don en nature.

Deux personnes dédiées, dans une équipe de moins de 50 collaborateurs... c'est beaucoup. Preuve que la RSE n'est pas de la cosmétique mais bien le cœur de l'ambition de Newton Offices.

Compétence ? On ne fait pas les choses à moitié !

La RSE se conjugue ainsi au quotidien, même dans les outils de travail. Elle est au centre des échanges internes, de la culture d'entreprise. La plateforme collaborative centralisant les flux de travail[41] de l'entreprise est l'outil parfait pour définir puis garder le cap : *« On communique sur ce qui doit absolument être fait et ce qui ne doit absolument pas l'être. Entre les deux, chacun est libre de pouvoir naviguer comme il le sent. Nous croyons beaucoup dans ce mode de fonctionnement car il permet de responsabiliser les équipes et de donner de l'autonomie à chacun. »*

Résidents et collaborateurs évoluent dans le même bâtiment. Pour que la cohabitation se passe à merveille, Anthony nous confie l'importance des moyens alloués à un processus de recrutement poussé, mené par un consultant RH externe : *« On ne veut pas des collaborateurs présents par hasard. Il est essentiel d'avoir une compréhension mutuelle du rôle de chacun et des enjeux qui en découlent. »*

Pomme, potes, l'esprit start-up!

Ce qui fait la force de l'entreprise ? Son esprit start-up ! Grâce à cette mentalité, l'entreprise bien que jeune, est sur le point d'exploiter un onzième bâtiment. La preuve d'une activité en véritable expansion. Et c'est mérité !

[41] L'entreprise utilise le logiciel Slack.

De nombreuses formations sont également proposées par l'entreprise, autant aux employés qu'aux résidents : formation sur la prise de parole en public, formation de communication non violente... Pour les collaborateurs, cette approche du management donne du sens à leur travail.

Ici le turnover est faible.

Collaborateurs ou clients, ils restent quand il fait bon vivre.

Non, merci, je vais rester chez Newton...

Innovation ? Inventer un vert à soi !

Face aux enjeux environnementaux, les entreprises doivent prendre leur part de responsabilité et jouer un rôle majeur dans la transition écologique collective. Anthony en est persuadé. C'est pourquoi avec Widya Putri, ils ont décidé de donner de leur personne en s'engageant dans un parcours de la CEC[42]. Cette remarquable association organise des parcours ouverts à des entreprises de toutes tailles et de tous secteurs d'activité. L'objectif ? Prendre en compte le point de vue d'experts, s'appuyer sur des ressources pédagogiques et méthodologiques pertinentes pour réfléchir au modèle d'affaires de demain et se diriger vers un modèle économique régénératif : pas de blabla, du concret, des engagements. Les entreprises adhérentes ont décidé d'agir volontairement sans attendre d'éventuelles contraintes législatives.

La CEC est un outil d'innovation stratégique et managériale.

« On se dit que si nous, en tant qu'entreprise, on s'engage pour faire avancer les choses, pour prendre des décisions sur des sujets tels que le climat et la transition écologique, on aura davantage de légitimité face aux pouvoirs locaux. »

Avec cet engagement au sein de la CEC, Newton Offices met les bouchées doubles, pour rayonner encore davantage.

---

[42] Convention des Entreprises pour le Climat, voire annexe 4 consacrée à l'association page 141.

À RETENIR

La phrase-choc :

« Briller, c'est bien... mais en éclairant le chemin pour les autres, c'est encore mieux ! »

Les bonnes pratiques managériales :

Une équipe dédiée pour booster la RSE, c'est efficace

Des avantages commerciaux réservés aux clients fragiles
que l'on souhaite soutenir dans leur mission, à l'image de l'offre « Bureau à Impact »

Des journées de mécénat de compétence offertes aux collaborateurs
qui s'investissent dans l'associatif.

Les exemples inspirants :

La décision de rejoindre la CEC pour réfléchir, ensemble, à un business model régénératif

La création du podcast « Extra Muros »

Vous voulez en savoir plus sur Newton Offices ? Pas de pépin !

Visitez leur site internet : newtonoffices.com

Voir la vidéo

Implantations de la société :

Marseille (13) + 10 sites répartis en France (bientôt 11)

Collaborateurs :

50 personnes

AUDDICÉ

Au rayon conseil...

Chez Auddicé,
les valeurs sont à l'honneur
et servent de moteur à l'entreprise.
Ici, on passe le balai devant sa porte :
avant de conseiller, on montre l'exemple.

Les écologues et collaborateurs d'Auddicé
sont au service de clients
soucieux d'être en harmonie avec la nature.

Rayonnant !

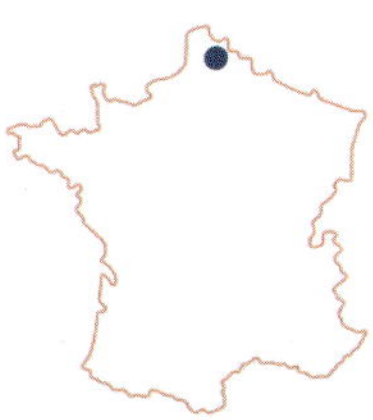

Auddicé, l'humain au service de l'environnement

Trophée de la Croissance Verte et Bleue, trophée de l'Économie Responsable[43], trophée Solutions Climat[44]... Dans son bureau, derrière Louis-Philippe Blervacque, les récompenses sont nombreuses.

C'est un concours de circonstances qui a conduit notre homme à diriger Auddicé.

Quand le jeune Louis-Philippe à l'idée de créer son entreprise, le destin en décide autrement.

Dans sa quête de locaux nécessaires à sa future activité, il fait la connaissance de Dominique Carbonnel, alors directeur d'AIRELE, un bureau d'études. Louis-Philippe rejoint la structure et en assurera la direction, dès 2003. Trois ans plus tard c'est le rapprochement avec Environnement Conseil. Les deux entreprises s'associent et voient leurs expertises se compléter.

En 2007, les valeurs du nouveau groupe sont définies puis, en 2008, le nom AUDDICÉ (Aménagement Urbanisme Développement Durable Industrie Climat Énergie) est adopté par les salariés.

Peu après, leur charte RSE voit le jour.

Dès sa création, valeurs et RSE ont été des éléments de construction de l'entreprise et de son management.

Aujourd'hui le groupe Auddicé compte quatre filiales métier : Auddicé Environnement, Auddicé biodiversité, Auddicé Urbanisme et Auddicé Formation, réparties sur neuf agences, en France et en Belgique.

« En s'appuyant sur des expertises très fortes, notre but est d'accompagner les entreprises, les territoires et leurs acteurs dans la prise en compte des enjeux de développement durable dans leurs projets. À eux ensuite de prendre la décision finale, en toute connaissance de cause, qu'elle soit bonne ou non. »

---

[43] Depuis 1994, les Trophées de l'Économie Responsable servent à récompenser les entreprises et organisations innovantes en matière de RSE ou dans la transformation de leur modèle économique.

[44] Trophée récompensant les meilleures solutions, en matière d'atténuation et d'adaptation aux dérèglements climatiques.

Ambition ? Une raison d'être claire et limpide !

« Auddicé accompagne avec ses expertises et son enthousiasme les entreprises, les territoires et leurs acteurs dans leur transition positive vers un monde durable. ***Ensemble, soyons tous responsables, engageons-nous à la hauteur des enjeux, mobilisons nos talents, ainsi la planète prendra soin de nous*** *».*

C'est en ces termes que se résume, depuis 2022, la raison d'être de l'entreprise, qui permet également de mettre en lumière son ambition. Pour atteindre ses objectifs une charte RSE fait office de référentiel :

- L'innovation au service de la satisfaction client.
- Le renforcement du plaisir de travailler et de progresser ensemble.
- L'investissement dans le développement local.
- La réduction de l'empreinte écologique de l'entreprise.
- Le partage des résultats.

Définie par les salariés de l'entreprise, cette raison d'être est un véritable liant en interne, son ADN.

L'entreprise souhaite ainsi devenir société à mission pour aller au bout de sa démarche RSE, et depuis deux ans, elle a l'ambition de devenir une Perma-entreprise[45]. J'avoue avoir découvert ce concept lors de ma visite au siège de la société. Chez Auddicé, l'expérimentation des concepts positifs autour du management sociétal ou de la manière d'atteindre une économie plus verte fait partie du quotidien.

Louis-Philippe ambitionne aussi d'obtenir la fameuse certification B Corp[46]... on ne l'arrête pas.

Pour convaincre, Louis-Philippe a la volonté d'être un exemple à suivre pour le monde économique et ses clients publics ou privés.

Donner des conseils, c'est bien. Se les appliquer à soi-même, c'est mieux.

---

[45] Sylvain Breuzard, directeur de Greenpeace France et entrepreneur, s'est inspiré de la permaculture pour créer une méthodologie saine (préservation de l'environnement et des humains, partage des surplus...) à appliquer en entreprise.

[46] La certification B Corp est basée sur une évaluation rigoureuse, qui confirme que votre entreprise répond aux normes les plus élevées selon trois piliers : performance sociale et environnementale ; transparence publique ; responsabilité juridique.

Partage ? De la parole à l'acte...

Louis-Philippe s'engage pour les entreprises. En parlant avec lui, je suis rassuré. Je viens de rencontrer un spécialiste de l'écologie qui, loin d'être péremptoire, s'investit dans le monde des entreprises. Louis-Philippe deviendra même président de la CCI Grand-Lille de 2019 à 2021. Il veut changer notre monde en montrant la voie, en donnant de son temps, avec bienveillance. C'est un spécialiste non dogmatique qui veut concilier la réussite économique et l'ambition écologique. Son arme pour convaincre ? L'exemplarité.

Cela commence en interne. En plus des valeurs, les collaborateurs se partagent, dans une certaine mesure, les résultats de l'entreprise. Les salariés perçoivent un intéressement sur les bénéfices. Mais une partie non négligeable des résultats - 10 % - sont aussi versés à des associations, sous forme de dons.

« Les collaborateurs participent au choix de ces associations. Cela crée un moment de partage incroyable, extrêmement fédérateur ».

Chacun a ainsi la possibilité d'intervenir devant ses collègues pour défendre l'association qu'il a proposée pour l'attribution d'un don. Un vote détermine le montant alloué à chaque structure : émotion garantie lors de la découverte des résultats. La démarche va encore plus loin. Les salariés ont également la possibilité de passer deux demi-journées par an au sein de « leur » association, dans le cadre du mécénat de compétences. Une fois de plus, Jean et moi découvrons un petit cercle vertueux. Magique !

Innovation ? Un état d'esprit !

De cette volonté d'investissement dans le développement local et dans la transition écologique sont nées les Rencontres Entreprises Territoires Développement Durable. Des journées d'échanges, avec l'objectif de partager des leviers pour agir sur deux sujets majeurs : la biodiversité et la responsabilité sociétale des entreprises. Ateliers, invités impactants, ces manifestations permettent de donner des clés pour agir concrètement sur le terrain, sur les lieux de travail. Tous les acteurs engagés du territoire sont présents, notamment le réseau Alliances[47] qui anime la base de données de bonnes pratiques Bipiz[48].

Un évènement qui compte et Rayonne.

Charte RSE oblige, Auddicé n'a jamais cessé d'innover depuis sa création. En résulte la création, en collaboration avec d'autres organismes régionaux, du label APIcité® (Analyse Performance Innovation des projets urbains) dont l'objectif est de piloter et de valoriser les projets d'aménagement et d'urbanisme au regard du développement durable. Pour aller plus loin, toujours en cohérence, l'entreprise a également mis au point une application de suivi juridique personnalisé en environnement et en urbanisme : APIveille.

Environnement ?

Apprendre à attraper le vent !

Il se dit que les cordonniers sont les plus mal chaussés...

Décidée à prouver le contraire et à se montrer exemplaire, l'entreprise établit chaque année un bilan carbone lui permettant d'identifier ses points forts, mais surtout ses axes d'amélioration. Ainsi, après s'être rendu compte que 50 % de ses émissions de gaz à effet de serre étaient dues aux déplacements nécessaires à son bon fonctionnement, un plan de mobilité a été mis en place. Cela va du « simple » affichage des plans et horaires des transports en communs au verdissement du parc automobile, en

Apprendre à attraper le vent...

[47] Le réseau Alliances regroupe des acteurs économiques engagés pour impulser une économie plus responsable. 380 adhérents et partenaires sur le territoire des Hauts-de-France. Le réseau Alliances organise le Forum Mondial de l'Économie Responsable et les Trophées de l'Économie Responsable.

[48] Le site Bipiz est à consulter impérativement. Si vous aimez ce livre, vous allez adorer ce site !

passant par un forfait « mobilité durable » qui récompense les collaborateurs se rendant en vélo au travail... Cerise sur le gâteau, un projet de covoiturage qui profitera aux salariés d'Auddicé, mais également à ceux de 4 autres entreprises voisines : ***« On tente d'avoir une approche systémique du problème et d'optimiser le potentiel de chaque opération en fédérant autour de nous. »***

Et si on partageait le soleil ?

Une extension étant sur le point de se rajouter au bâtiment, Louis-Philippe la conçoit comme un moyen d'aller plus loin dans cette dynamique environnementale, mais également de montrer à sa clientèle ce qu'il est possible de mettre en place.

Des panneaux photovoltaïques seront ainsi disposés sur sa toiture, panneaux dont la production sera là encore partagée avec des entreprises voisines. Le bois de construction du bâtiment sera biosourcé localement, sa façade sera végétalisée pour réduire les déperditions énergétiques, ses eaux seront récupérées pour arroser les espaces verts.

Autour de l'entreprise, le jardin est déjà un refuge LPO[49].

On y trouve des plantations, mais surtout de la végétation laissée en friche pour permettre aux insectes de s'y développer, pour le plus grand bonheur des chauves-souris et des oiseaux. Les haies bocagères[50], avec leurs essences variées, sont des habitats idéaux pour les oiseaux, les insectes...

Le jardin est prévu pour être une véritable vitrine du savoir-faire de l'entreprise et bien entendu pour protéger la biodiversité.

---

49 Refuge LPO : terrain public (espace vert, parc communal) ou privé (jardin, cour, terrasse, balcon...) sur lequel le propriétaire s'engage à préserver et protéger la nature au sens large : la faune et la flore sauvages, le sol, l'environnement.

50 Une haie bocagère est une haie constituée de végétaux locaux, sauvages et variés, utilisée pour séparer des parcelles. Très courante autrefois dans les campagnes, la haie bocagère a presque disparu au fil des remembrements agricoles et de l'agrandissement des surfaces travaillées. Ce sont des havres pour la biodiversité.

*« **Notre bâtiment doit être comme une maison témoin évolutive** pour montrer qu'un parc d'activités, loin d'être une zone écologiquement morte, peut devenir un espace pouvant accueillir la biodiversité ».*

Compétence ? Compétence, valeurs et formation

Si la fusion des deux entreprises ayant donné naissance à Auddicé s'est faite sans accrocs, c'est parce que les collaborateurs des deux entités, malgré des expertises différentes, se sont rapidement retrouvés autour de valeurs communes, définies ensemble et explicitées dans une charte publiée en 2008, peu après l'opération. Ce document a permis de poser concrètement les bases d'un leitmotiv qui a fait et fera le succès de l'entreprise :

« En 2011, après une erreur stratégique, nous avions perdu la moitié de nos capitaux propres. Je suis convaincu que ce sont nos engagements qui nous ont sauvés : les banquiers et nos collaborateurs nous ont fait confiance et cela nous a rendu plus forts pour la suite. »

À cette époque, la compétence de l'entreprise est évidente. L'affirmation de ses valeurs rassure, y compris les partenaires financiers. Mon entretien avec Louis-Philippe Blervacque me renvoie d'ailleurs l'image d'un homme serein, expression vivante d'une force tranquille, à la tête d'une entreprise rassurante.

Je suis persuadé que le banquier, en 2011, a lui aussi éprouvé ce même sentiment et que cela a certainement pesé dans la balance pour soutenir la société alors dans un moment difficile sur le plan financier.

Mais Auddicé, c'est aussi l'ensemble des collaborateurs, et c'est l'expertise de chacun d'eux qui permet à la structure d'être aussi pertinente, sur chaque sollicitation, sur chaque mission. Et pour qu'elle ne cesse de s'améliorer, de nombreux ateliers internes, de perfectionnement et d'innovation, sont organisés.

Et ce n'est pas tout ! Des formations sont dispensées non seulement aux collaborateurs, mais également à l'ensemble des acteurs des entreprises et des territoires, via Auddicé Formation.

Une véritable Odyssée Rayonnante. Homérique !

À RETENIR

La phrase-choc :

« Ensemble, soyons tous responsables, engageons-nous à la hauteur des enjeux, mobilisons nos talents, ainsi, la planète prendra soin de nous. »

Les bonnes pratiques managériales :

La création d'un centre de formation pour pérenniser la compétence

La définition, par les collaborateurs, des valeurs de l'entreprise et de son nom

Un partage généreux des résultats de l'entreprise

Les exemples inspirants :

Le jardin de l'entreprise servant de refuge LPO

La volonté de devenir société à mission, mais également perma-entreprise

Un bilan carbone effectué chaque année

L'organisation de covoiturage en partenariat avec des entreprises voisines

Vous cherchez des experts compétents et exemplaires

en environnement, biodiversité, urbanisme et transition écologique ? : auddice.com

Voir la vidéo

Implantations de la société :

Siège situé à Roost-Warendin (59) et des agences réparties en France et en Belgique

Collaborateurs :

150 personnes

EUROPLASTIQUES

Au village, sans prétention, j'ai mauvaise réputation...

Vous avez croisé les produits d'Europlastiques
des milliers de fois...
Et pour cause !
Le plastique agroalimentaire d'hier, d'aujourd'hui et de demain,
c'est de là qu'il provient.

Ne grincez pas des dents, vous allez voir,
l'innovation est bien au service de l'environnement
et l'humain au centre des conversations.

**Deux fois plus léger,
deux fois moins de plastique !**

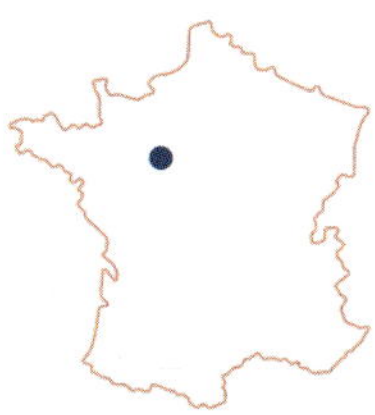

Ce plastique, ce n'est pas du toc !

Leader de l'emballage sur le marché de l'agroalimentaire, pour les plats cuisinés par exemple, installée en France et au Québec, cette PME familiale a l'objectif de concevoir, réaliser et distribuer des solutions d'emballages alimentaires innovantes et écoresponsables par injection thermoplastique.

Au fil de votre lecture, vous l'avez compris, je considère les industriels comme les mieux placés pour agir afin de diminuer les retombées de l'activité humaine sur l'environnement. En effet, leurs productions sont souvent impactantes, ou polluantes et ils ont donc en main des leviers de progression considérables. Nous sommes en présence d'un cas typique. Pourtant, le simple fait de vous présenter un fabricant d'emballages plastiques vous le désigne à priori comme un vilain petit canard de l'écologie, même si ses produits sont recyclables.

Benjamin Barberot, dirigeant de la société le dit avec un sourire désabusé : *« Dans la presse et plus largement l'opinion publique, le plastique est assimilé à une arme de destruction massive. On en oublie parfois pourquoi l'emballage est essentiel. »*

Faisant fi des critiques, il met tout en œuvre pour progresser et diminuer l'incidence de ses produits.

Notre monde, dans sa schizophrénie, voudrait tout à la fois des pizzas sans germe et sans emballage, comme il souhaiterait voyager à l'étranger, sans avion ni voiture. Il est important de rappeler que le plastique est certainement le produit le plus efficace pour assurer l'hygiène et la sécurité alimentaire mais aussi éviter le gaspillage de nourriture ; cela constitue un autre enjeu sociétal majeur. L'entreprise revendique d'ailleurs une éthique de l'alimentation qu'elle partage avec ses partenaires, via une charte des achats mise en place en 2017. *« Au quotidien et à toutes les échelles, on met tout en œuvre pour que notre activité et celle de nos clients soient les plus vertueuses possibles. »*

Vous voulez une autre preuve de leur engagement ? Benjamin, occupé par le développement de sa filiale au Canada a partagé le micro avec la personne en charge de la RSE dans l'entreprise.

C'est qu'en matière de RSE, la barre est (très) haut placée.

En témoigne l'obtention, en 2021, d'une médaille d'argent dans le cadre de la notation EcoVadis[51]. Europlastiques s'est positionné dans les 5 % des entreprises du secteur les mieux notées.

Pour un vilain petit canard... c'est bon signe.

Environnement ? Une responsabilité !

« En tant qu'entreprise, nous avons la responsabilité de prendre part aux grands défis de notre époque ».

Pour relever ces défis, la politique environnementale de l'entreprise repose sur une stratégie : « les 3R ».

R comme Réduire : l'objectif est de réduire au maximum la quantité de plastique utilisée. Un produit plus léger, c'est moins de production de matière, moins d'impact et un transport facilité ! L'innovation permet de réduire le poids tout en gardant les mêmes fonctionnalités. Cela nécessite des optimisations techniques mais aussi de bonnes idées : se passer d'un couvercle, c'est économiser 20% de plastique !

R comme Recyclage : la société met sur le marché 100 % de produits recyclables. Elle fabrique uniquement des conditionnements mono-matériaux et a été pionnière dans la mise au point de colorants pour mieux détecter les différents composants. C'est la fin de vie qui préside au choix des plastiques utilisés par l'entreprise. « On ne maitrise pas le taux d'emballages effectivement recyclés, mais notre responsabilité est de faciliter au maximum le geste de tri. »

R comme Réutilisables : Europlastiques a l'ambition de proposer des emballages réemployables et teste actuellement leur utilisation dans des circuits locaux auprès des métiers de bouche et dans des boucles de réemploi B to B dans l'industrie.

Cette stratégie pour l'environnement repose sur une philosophie globale structurée et bien ancrée.

---

[51] EcoVadis est la référence mondiale dans l'évaluation de la performance RSE des entreprises. Sa méthodologie de notation s'appuie sur des normes internationales de durabilité et couvre 21 critères dans 4 grands thèmes : environnement ; social et droits de l'homme ; éthique ; achats responsables.

Partage ? Le cultiver est primordial !

Des artichauts, beaux et bio !

Benjamin considère que la terre a pour objectif de donner à manger aux hommes et aux femmes. Aussi, autour du bâtiment de production construit il y a 10 ans et labellisé BBC[52] on cultive, en bio, un verger et du maraîchage. Quelques ruches sont là pour compléter le tout. Le parking des collaborateurs a été installé au sous-sol. Sur l'espace de 5 hectares ainsi laissé disponible, 20 grandes jardinières ont été construites permettant désormais la création de parcelles potagères. Depuis 2 ans maintenant, leur exploitation a été confiée à une entreprise locale de réinsertion par le travail, offrant à tous les collaborateurs un accès gratuit à des légumes bio, mais également à de la lavande, des fraises, du cassis et des artichauts...

Pour Benjamin, le vivre ensemble et l'ancrage local sont primordiaux. Ils constituent le terreau pour la création d'une culture d'entreprise au centre de la stratégie RSE de la société. Les personnes, pour être mobilisées et épanouies doivent se sentir bien dans leur environnement de travail. Ce qui l'amène à me donner son avis, tranché, sur le télétravail. Je vous avoue que sa position m'a pas mal fait méditer sur le sujet :

« Quand on déploie autant d'énergie à rendre les espaces de travail aussi agréables que possible, à cultiver un certain sentiment de cohésion et un partage des valeurs, je ne vois pas à quel moment on peut souhaiter développer le télétravail au sein de son entreprise... »

---

[52] Bâtiment Basse Consommation énergétique.

Compétence ? La clé de la réussite !

« Nos collaborateurs ? Le plus gros actif de l'entreprise. »

Considérer l'humain à sa juste valeur, voilà l'une des priorités du management d'Europlastiques.

Le fonctionnement de l'entreprise est donc pensé de manière à ce que chaque collaborateur se sente intégré et puisse s'épanouir, humainement comme professionnellement : formation, ergonomie des espaces de travail, conciergerie d'entreprise…

Le partage de l'information, en particulier concernant la RSE, est ainsi devenu une priorité pour Éloïse : *« On veut s'assurer que tout le monde est bien informé de ce qui se passe : pourquoi on le fait, comment on le fait, où on veut le faire et là où on veut aller. »*

Transparence, rigueur, écoute et souplesse sont autant de valeurs que se partage l'ensemble des collaborateurs de l'entreprise. Le système de management, quant à lui, repose sur le respect des personnes, la flexibilité de l'organisation, la responsabilisation individuelle et la confiance.

Des mots, me direz-vous ? Pas vraiment. Lors de l'installation de Benjamin au Canada, suite au rachat d'une entreprise au Québec, le relais en France s'est fait grâce à un comité d'animation managériale. Constitué de 4 personnes occupant des postes-clés, il est venu compléter le travail des autres managers pour atteindre l'objectif : fonctionner sans la présence quotidienne du dirigeant.

Une belle preuve de gouvernance participative : *« Un comité d'animation managériale, c'est ce qui permet de conduire l'énergie dans un moteur, du piston vers l'arbre de transmission ».*

Ambition ? Grandir, ensemble !

« L'ambition, c'est avant tout se fixer des objectifs, puis se motiver pour les atteindre.
Pas d'ambition démesurée, où la mégalomanie ferait loi,
il faut que l'ambition soit bien dosée et repose sur des bases saines ».

Chez Europlastiques, on ne s'en cache pas, la performance et le profit sont nécessaires afin d'assumer les engagements pris tant vis-à-vis des clients que dans le cadre de la politique RSE.

Cette ambition est résumée en interne en conjuguant les « 3 P ».

P comme Personnes. Nous l'avons vu, ici, l'humain est essentiel.

La valeur est créée ensemble, par le collectif. Aussi, Il est normal que les collaborateurs aient un droit de regard et participent aux choix qui vont définir l'avenir. Des outils internes ont été mis en place pour donner vie à cet état d'esprit. On retrouve ainsi des ateliers collaboratifs durant lesquels, sur la base du volontariat, les collaborateurs, en présence d'un animateur externe à l'entreprise, ont la possibilité d'échanger sur les thématiques qui les intéressent : *« L'idée, c'est de recueillir leur vision, qu'ils se sentent libres de s'exprimer et que, de ces ateliers, émergent des axes d'amélioration. »*

P comme Performance et Profit mais peut-être aussi comme pragmatisme. Pour atteindre les objectifs, sociétaux ou environnementaux, pour tenir ses engagements vis-à-vis des clients, il faut des moyens financiers, donc des bénéfices.

P comme planète. L'entreprise doit s'intégrer dans les grands défis posés aujourd'hui au niveau planétaire. Sa responsabilité est de participer à la réponse donnée à ces défis en participant à la création d'outils et méthodes permettant la mesure des impacts environnementaux du métier ou encore le développement d'outils d'éco-conception des produits.

Innovation ? Le progrès s'emballe...

L'innovation fait véritablement la force de l'entreprise et contribue par la même occasion à assurer son avenir. Les avancées dont Europlastiques est à l'origine seront légion : lancement des premières barquettes sécables en 2000, de verrines transparentes, *pasteurisables* et réutilisables en 2008, d'une gamme biosourcée en 2018, de produits en matière recyclée en 2021... La liste est longue et bon nombre de ces innovations ont été récompensées par des prix prestigieux comme l'Oscar de l'emballage.

Depuis une dizaine d'années, l'entreprise collabore dans le cadre d'un programme de recherche avec 4 entreprises du Grand Ouest dans le but de réussir à fabriquer du plastique non-issu du pétrole, à partir de fermentation bactérienne.

Cette remarquable collaboration a été baptisée Bluecopha. Elle a donné naissance en 2021, à un groupement d'intérêt économique [53] qui cherche à proposer au marché un tout nouveau bioplastique dégradable naturellement.

Une éclaircie à l'horizon :
un bioplastique biodégradable issu de bactéries marines !

La solution technique, le Nautilium, est maintenant disponible. Des micro-organismes marins fabriquent un substitut au plastique pétrolier, mais parfaitement naturel et totalement biodégradable. Pour le moment, son prix est peu compatible avec la réalité du marché de l'agroalimentaire, mais l'idée des partenaires est de commercialiser cette innovation sur d'autres segments... A moins que Benjamin n'arrive bientôt à convaincre les clients de l'alimentaire de payer leurs emballages un peu plus chers, en transférant - rêvons un peu - une partie du budget marketing vers cette belle solution.

Dans le même esprit d'innovation, l'entreprise, en collaboration avec l'une de ses consœurs, a entamé une activité de recyclage de matière plastique. L'objectif ? Capter les déchets plastiques industriels puis les transformer pour leur offrir une seconde vie : les copeaux et résidus de production plastiques serviront dans quelques semaines à fabriquer des objets du quotidien (mobilier, objets design...). Une manière pour l'entreprise de boucler la boucle en étant acteur, depuis le choix des matières premières de ses produits jusqu'à leur nouvelle vie.

---

[53] Un groupement d'intérêt économique (GIE) vise à faciliter le développement économique des entreprises qui la composent, par la mutualisation de ressources matérielles ou humaines.

À RETENIR

La phrase-choc :

« Nos collaborateurs ? Le plus gros actif de l'entreprise. »

Les bonnes pratiques :

Organiser des ateliers collaboratifs pour recueillir la vision des collaborateurs

Créer un comité d'animation managériale

Faire de la recherche collaborative pour inventer les solutions de demain

Faire évaluer sa performance RSE par un organisme indépendant (EcoVadis par exemple)

Les exemples inspirants :

L'exploitation des parcelles potagères par une association de réinsertion par le travail, dont la production profite aux collaborateurs

Une charte d'achat pour demander aux partenaires de s'engager de façon cohérente

L'emprisonnement des résidus plastiques dans des meubles et objets du quotidien

Vous êtes emballés ?

Visitez le site internet : europlastiques.com

Voir la vidéo

Implantations :

Changé (France – 53810) et Drummondville (Québec)

Collaborateurs :

environ 70 personnes en France, et 50 au Québec

SOPHIE HALLETTE

Patrimoine national Rayonnant

Chez Sophie Hallette,
on fabrique la dentelle la plus prestigieuse qui soit.
Au fil du temps, les fils respectent l'environnement,
et si les machines d'antan, entretenues comme des joyaux,
sont l'héritage de la révolution industrielle,
les conditions de travail, elles, tissent leur toile dans le bon sens,
dans le présent, vers le futur.

Sophie Hallette, le tissu familial

En plus de Romain Lescroart, président de l'entreprise, Kate Middleton, Marilyn Monroe et bien d'autres figures de la mode et de la pop culture nous attendaient lors de notre arrivée au siège de Sophie Hallette, à Caudry. Les images d'événements marquants et de personnages illustres ornent fièrement les murs, rappelant la conquête du monde par la dentelle produite en ces lieux, depuis la fondation de la maison par Eugène Hallette en 1887. ***« Sophie Hallette fait office de référence en matière de dentelle Leavers[54] ».***

Fin, élégant, aérien... Nombreux sont les adjectifs que l'on pourrait attribuer à ce tissu dont la douceur contraste avec la puissance des machines aperçues lors de notre venue. Des monstres de plusieurs tonnes, dirigés et entretenus par des mains expertes, pour le bonheur des créateurs et couturiers du monde entier.

Un patrimoine familial mais également national tant la dentelle de la maison Hallette contribue, encore aujourd'hui, à faire rayonner la France dans le secteur du prêt-à-porter de luxe. Un statut que le label « Entreprise du Patrimoine Vivant[55] » est justement venu consacrer.

En 1942, après plusieurs décennies d'activité fructueuse, l'entreprise est reprise par Etienne Lescroart. Elle ne quittera plus la famille et, génération après génération, la société se développera pour devenir leader français sur le marché de la dentelle. Elle peut désormais s'appuyer sur ses différentes filiales acquises au fil des années et à l'activité complémentaire (teinture, découpe, écaillage, dentelle industrielle...) pour continuer de se développer. Récemment, ce succès a conduit Chanel à devenir actionnaire minoritaire de la société.

Aujourd'hui plus que jamais, l'entreprise Sophie Hallette souhaite perpétuer la tradition sans pour autant vivre dans le passé, en prenant en compte les enjeux de demain.

---

[54] La dentelle Leavers est celle que l'on fabrique avec des métiers à tisser du même nom. C'est la dentelle industrielle la plus prestigieuse : délicate à l'œil, elle n'en reste pas moins solide. On l'utilise notamment pour la lingerie de luxe. La dentelle de Calais-Caudry (label) est ce qui se fait de mieux en termes de dentelle Leavers depuis plus d'un siècle.

[55] Le label Entreprise du Patrimoine Vivant (EPV) est une marque de reconnaissance de l'État qui distingue des entreprises françaises aux savoir-faire artisanaux et industriels d'excellence.

Est-ce que l'entreprise donne du fil à retordre à la RSE ?

Bien au contraire, et je dirais avec sourire qu'elle ne fait pas dans la dentelle pour se mettre à niveau.

Ambition ? Toujours de l'avant, toujours à long terme...

Entrepreneur du Patrimoine Vivant

Faire Rayonner ce tissu, objet de tous les fantasmes, tout en Rayonnant en tant qu'entreprise, c'est la mission que s'est donnée Romain Lescroart, héritier et président de ce joyau de la Nation[56].

À l'instar des diamants et du caviar, la dentelle fait partie de ces produits d'exception dont le raffinement n'a d'égal que la rareté. Voilà pourquoi je vous parlais de patrimoine un peu plus haut : le savoir-faire, le tissu en lui-même, tout est précieux quand on parle de dentelle, qui plus est quand elle est issue de la maison Hallette. Cette volonté de continuer à ne faire aucune concession quant à la qualité du tissu, bien loin des enseignes de fast-fashion ignorant (volontairement) tout de la RSE, anime la famille Lescroart depuis 1942. Pour préserver son essence, la transmission du savoir-faire est donc essentielle et se trouve au cœur des préoccupations de l'entreprise : « En tant qu'entreprise familiale, on est dans cette démarche de prioriser l'intérêt pour l'histoire et la noblesse du métier à la performance à court-terme. »

Cet état d'esprit, on le retrouve également, et assez logiquement, en abordant le sujet de la RSE :

« La résolution des problématiques soulignées par la RSE force à se projeter sur le long-terme. »

---

[56] Les métiers Leavers sont d'origine britannique, cela méritait bien un petit clin d'œil.

Jusqu'ici, les différentes filiales de l'entreprise étaient éparpillées à proximité de Caudry. Aujourd'hui, la suite de l'histoire va s'écrire sur le site de la Ramette, repris en 2015, et ce regroupement va grandement faciliter la logistique interne de l'entreprise. Fini les petits ateliers exigus, hérités du passé, sombres, bas de plafond et aux normes d'antan. L'opération prend des années et il faut s'armer de patience : 4 mois sont nécessaires pour que chaque machine, composée de 12 tonnes de fonte soit déplacée. On se trouve face à des sortes de grosses locomotives à démonter, transporter puis remonter. 180 machines, 180 monstres à installer dans leur nouvelle enceinte. Fort heureusement, l'opération touche bientôt à sa fin. Ce déménagement titanesque permet de mettre les conditions de travail de tous les salariés à la hauteur du standing établi par la maison Hallette.

10 ans de déménagement pour profiter des conditions de travail du 21ème siècle tout en conservant les outils inventés au 19ème. Une nouvelle fois, Sophie Hallette s'inscrit dans le temps long. La RSE, c'est du lourd !

Partage ? Une trame cohérente

Président de la Fédération Française des Dentelles et Broderies, Romain Lescroart est investi dans le rayonnement de son métier dans le monde, partageant en ce sens les fruits de son engagement avec ses collègues et concurrents. Quand la dentelle gagne, c'est tout le secteur qui gagne.

Pour lui, le partage doit également se faire au niveau des salaires, et ceux de l'entreprise sont au-dessus des moyennes du secteur : *« C'est du partage, mais c'est surtout une manière pour nous d'exprimer notre reconnaissance à l'égard de tous ceux qui participent à la production de notre dentelle, peu importe où ils se situent dans la hiérarchie. »*

S'agissant d'un savoir-faire aussi précieux que celui de la dentelle, il est impossible de ne pas associer le mot partage à celui de formation. Celle-ci se fait ainsi en interne. Il faut plus de 2 ans pour devenir autonome sur certains postes, comme la conduite des métiers Leavers.

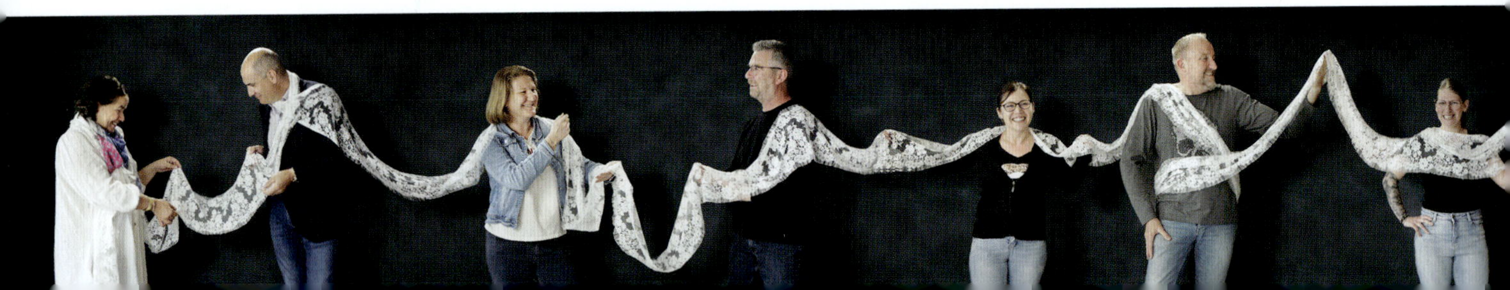

En effet, il n'y a pas d'école ou de centre de formation pour ces métiers à tisser d'antan. Aussi, la formation prend-elle la forme d'un compagnonnage maison, piloté par les employés eux-mêmes. C'est une transmission, un partage empli de sens pour tous ceux qui travaillent dans l'entreprise.

« Au départ, on voulait les faire travailler en binôme mais ils ont préféré travailler en équipe. Ainsi, les stagiaires apprennent de chacun plutôt que d'une seule personne ».

Compétence ? Cohésion d'expertises

Chaque commande est un projet particulier, une aventure « sur mesure ». Les équipes, qui regroupent des compétences diverses acquises après des années de formation et d'expérience, doivent se réunir pour programmer chacune des productions.

« Vous avez tout ce fourmillement de métiers et d'angles de vue très différents. Il faut faire en sorte de les conjuguer pour faire émerger une vision commune ».

Romain aspire à cette alchimie de forces, de ressources et de potentiels. Pour lui donner vie, de nombreuses tables rondes sont organisées. Les passions sont canalisées, les tensions évitées, les oppositions contournées. La fluidité du processus de post-production (logistique, commercial, expédition...) est facilitée.

Le travail au sein de Sophie Hallette est par nature collaboratif.

La compétence des hommes et des femmes est telle, sur chaque étape de la conception puis de la fabrication d'une dentelle, qu'il s'agit d'adapter l'organisation de l'entreprise aux personnes qui la composent, et non pas l'inverse. L'organisation du travail tient compte du savoir-faire exceptionnel de chaque individu.

À méditer dans les écoles de management.

Pour partir à la conquête de nouveaux marchés, Sophie Hallette a décidé de développer une gamme de dentelle tricotée industrielle. Des produits bien moins prestigieux que la dentelle Leavers, plus accessibles et souvent aux mains des fabricants asiatiques.

Toute la fabrication de cette gamme, certifiée Global Recycle Standard[57] (GRS), se fait également en France et le label Nord Terre Textile est venu récompenser la démarche. La force de la marque Sophie Hallette permet de faire revenir ce type de productions dans notre pays, de réimplanter le Made In France.

Dentelle Leavers, dentelle tricotée, fabrication de tulle, toute la production repose sur la complémentarité de salariés aux compétences bien distinctes. Cette compétence, il faut l'entretenir, la renouveler. Recruter des personnes motivées et avides d'apprendre est primordial.

Dans notre monde moderne, en pleine mutation, où le savoir-faire d'antan tend malheureusement à disparaître, les entreprises telles que la maison Hallette tirent leur épingle du jeu. L'aventure Hallette attire beaucoup, en témoigne le nombre grandissant de candidatures reçues chaque année.

Le prestige et l'histoire de l'entreprise inspirent et donnent du sens au travail de chacun.

Une chance pour Romain tenu d'investir dans la compétence humaine pour assurer la pérennité de l'entreprise. La transmission se fait en partie grâce un système de doublons de poste, mis en place sur la durée, parfois sur plusieurs années. 2 personnes par poste, c'est onéreux à court terme, mais comme le dit Romain :

« Il faut savoir renoncer au présent pour préparer le futur. »

Innovation ? Environnement ? À tenture verte, teinture verte !

Malgré des machines construites il y a près d'un siècle, et la dimension ancestrale que l'on associe à la dentelle, la maison Hallette ne se contente pas de respecter les normes en vigueur en matière d'environnement. Romain désire aller plus loin. En résulte un plan de transformation durable qui pose concrètement les objectifs à atteindre pour les années à venir : des machines fonctionnant à l'électricité verte, un plan de modernisation de l'éclairage électrique, la gestion fine des déchets...

La récente crise sanitaire entraîne une baisse momentanée de la demande ?

---

57 Label certifiant non seulement le contenu recyclé d'un produit, mais vérifiant également le respect de critères environnementaux et sociaux.

L'entreprise en profite pour verdir son activité.

Elle décide alors de partir à la conquête de certifications environnementales, autant par conviction que pour faire écho aux attentes de certains de ses clients. Des fils en fibres naturelles biologiques et des fils en fibres synthétiques recyclées entrent désormais dans la production. Une double certification est venue récompenser l'effort fourni : Global Organic Textile Standard[58] (GOTS) et Global Recycle Standard (GRS).

De la même manière, les teintures utilisées se veulent de plus en plus respectueuses de l'environnement.

La consommation d'eau a été réduite par 4. S'arrêter là ? Bien sûr que non ! Fonctionner en circuit fermé, pour ne plus consommer d'eau ou l'utilisation de l'électricité solaire sont des challenges pour les années à venir.

[58] Label de référence pour les textiles biologiques en coton, laine, soie et chanvre. Il garantit un mode de production durable, écologique et socialement responsable.

À RETENIR

La phrase-choc :

« Il faut savoir renoncer au présent pour préparer le futur. »

Les bonnes pratiques managériales :

Le temps long toujours préféré au court terme

L'optimisation continue des conditions de travail des salariés

L'organisation de tables rondes, en vue de renforcer la cohésion au sein de l'entreprise

Des formations internes prenant la forme de compagnonnage

Des doublons de poste pour assurer la bonne transmission du savoir-faire

Une organisation interne construite autour de la compétence des individus

Les exemples inspirants :

L'utilisation de fils en fibres biologiques ou synthétiques recyclées

Un plan de transformation durable pour poser un cadre au développement de l'entreprise

La volonté de faire du Made in France

Qui a porté de la dentelle Hallette ?

Pour le savoir, visitez son site internet : sophiehallette.com

Voir la vidéo

Implantation de la société :

Caudry (59)

Collaborateurs :

environ 170 salariés pour Sophie Hallette (plus de 200 avec les filiales)

VIGNOBLES ANDRE LURTON

L'engagement passionné

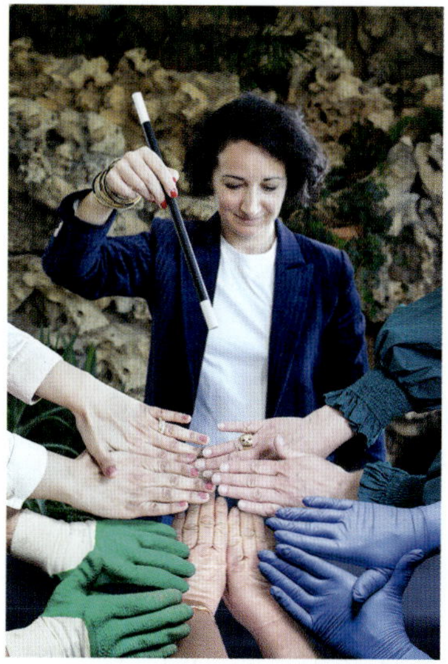

Un terroir c'est de la terre, un climat, des vignes, du savoir et du savoir-faire.

Un peu comme par magie, la nature est magnifiée par la main des hommes... et des femmes,
pour donner de magnifiques moments de plaisir et de partage.

Lorsque le climat se dérègle, il faut agir.

Ici, on a choisi de le faire avec le partage comme leitmotiv
et la passion comme essence...

Plus qu'une entreprise, une famille...

Combien de fois ce mot a-t-il été utilisé durant cette interview ? Bien assez pour nous faire comprendre que les Vignobles André Lurton c'était, avant toute chose, une affaire familiale !

C'est en 1953 qu'André Lurton, le grand-père, hérite du Château Bonnet. Entrepreneur de talent, il n'aura de cesse d'agrandir la surface de la propriété, mais également d'en acquérir de nouvelles : 6 châteaux[59] composent désormais les Vignobles André Lurton. C'est le sixième fils d'André, Jacques Lurton « The Islander[60] », qui préside aujourd'hui l'entreprise, mondialement connue pour être une référence en matière de vin bordelais. Derrière ce succès, un objectif qui reste le même depuis plusieurs décennies :

« Produire sur notre terroir les meilleurs vins possibles pour le plaisir de ceux qui les consomment. »

Cette phrase, on la doit à Mathilde de Caix-Lurton, directrice générale des Vignobles André Lurton depuis 2022. Sa force ? Une passion débordante pour son métier, à la hauteur des missions qui lui incombent : mettre en place des stratégies qui permettront à chacun des produits de l'entreprise d'être concurrentiel, sur un marché qui l'est lui-même de plus en plus, mais également faire face aux défis allant de pair avec le réchauffement climatique.

Environnement ? Ils ont de la bouteille !

Membres actifs de la première association pour le SME (Système de Management Environnemental) du Vin de Bordeaux depuis 2010, certifiés HVE (Haute Valeur Environnementale) depuis 2017, les Vignobles André Lurton sont engagés dans une démarche environnementale vertueuse depuis maintenant plusieurs années. Un choix cohérent pour protéger leur exceptionnel terroir de la menace climatique qui met en risque leur capacité de production.

---

[59] Les Vignobles André Lurton sont composés du Château Bonnet, du Château Couhins-Lurton, du Château La Louvière, du Château de Rochemorin, du Château de Cruzeau et, enfin, du château de Barbe Blanche.

[60] Surnom qui lui vient de son amour pour l'Australie, où il possède un domaine viticole.

En 2019, ces efforts ont été récompensés par l'obtention du Trophée de Bronze « Bordeaux Vignoble Engagé ».

Vraiment légères ces bouteilles...

Mais la RSE n'a fait que labelliser des pratiques et des méthodes qui existaient déjà au sein de l'entreprise. Celle-ci a néanmoins apporté un vent de fraîcheur. Conséquence de cette dynamique renouvelée, la décision audacieuse, malgré les réserves émises par les différents acteurs du marché[61], de faire passer les bouteilles du Château Bonnet de 480 à 410 grammes. À la clé, une diminution annuelle de 400 tonnes de CO^2, rien que ça !

Vous l'avez compris, les Vignobles André Lurton ne prennent pas leur mission à la légère. En témoignent également une utilisation de produits phytosanitaires divisée par 2 en l'espace de 10 ans[62], la mise en place de zones de non-traitement, la construction de stations d'épuration au sein de chaque propriété, la plantation de haies servant de corridors écologiques, l'utilisation de bougies en tourbe contre le gel, ...

La liste est longue, et l'entreprise Rayonne !

---

[61] La tradition veut qu'une bouteille de BON CRU doit être BIEN LOURDE !

[62] La diminution des intrants a été progressive au fil des années. Plusieurs méthodes ont été mises en œuvre. L'une d'elle, utilisée sur une partie du vignoble, est appelée le biocontrôle. Elle repose sur l'application de préparations issues de végétaux et d'algues, servant d'emplâtres, qui viennent aider la vigne à lutter, par elle-même, contre la maladie. Les produits phytosanitaires sont ainsi largement diminués.

Tous les ans, une demi-journée de brainstorming se déroule également au sein de l'entreprise avec comme objectif la diminution de l'impact environnemental. La diminution de la consommation en eau ou en électricité de chaque château est au programme. Tant de dispositions ne pouvaient que s'accompagner d'exigences accrues à l'égard de leurs prestataires extérieurs :

« Dans la mesure du possible, on demande à nos fournisseurs de s'engager selon les critères RSE. »

Ambition ? Comme en famille !

À la différence de bon nombre de leurs confrères ayant recours à la sous-traitance vigneronne, l'entreprise fonctionne, d'une certaine manière, en autarcie. Comme une seconde famille, ce sont près de 200 salariés qui permettent ainsi à la société d'atteindre, tout au long de l'année, ses objectifs agricoles, industriels et commerciaux. Un nombre qui augmente bien évidemment pendant les vendanges ! Ce sont tout de même 3.5 millions de bouteilles qui sont expédiées depuis le vignoble, chaque année et sans aucune aide extérieure.

Ce mode de fonctionnement, évident pour les Lurton, s'accompagne d'un engagement fort en termes de management : formation en interne, possibilité d'évolution, équité salariale homme-femme... Une (petite) partie du personnel se voit même logée sur place, pour faire face aux difficultés liées à un marché de l'immobilier saturée dans la région ! ***« Le tissu de notre entreprise, c'est son tissu humain. »***

Compétence ? La compétence interne est un atout

Les règles sur l'assemblage des cépages dans une appellation d'origine contrôlée étaient très strictes. Afin de permettre aux vignerons français de continuer à produire dans un univers qui, en l'espace de quelques années, s'est vu bouleversé par le dérèglement climatique, une concurrence de plus en plus rude et, enfin, la crise sanitaire, elles commencent à évoluer, à s'assouplir. Il y a donc aujourd'hui quelques opportunités de s'adapter, mais encore faut-il *saisir la grappe au bond*. Chez André Lurton, de nombreux essais sont effectués tout au long de l'année dans les différents vignobles du groupe. Le fait d'avoir toutes les compétences en interne est ici un atout non négligeable. Le but à atteindre ? Composer les meilleurs vins possibles en profitant des caractéristiques des cépages désormais autorisés pour faire face aux conséquences du changement climatique. Certains cépages résistent mieux au froid, d'autres sont moins gourmands en eau. De nombreuses variétés ont donc fait leur apparition, ou leur retour, dans la région bordelaise. On pense notamment au Carménère, un vieux cépage bordelais, adopté par les Chiliens et qui revient dans sa région d'origine :

« Face au dérèglement climatique, on multiplie les essais pour voir ce qui fonctionnera dans le futur. »

Innovation ? Tester, essayer, expérimenter !

L'entreprise doit s'adapter, sous peine de voir ses rendements décliner.

Il lui faut donc, de la manière la plus efficace possible, apprivoiser une météo dont les caprices se multiplient, année après année. L'équilibre économique de l'entreprise est en effet perturbé : là où, par le passé, l'équivalent d'une récolte était perdu à la fin de 10 années de production, c'est désormais le cas à la fin de 3... Des chiffres qui font froid dans le dos, et qui rappellent la triste réalité de cette menace qui devrait encore s'intensifier dans les années à venir. En guise de réponse, outre les recherches menées en interne dont nous vous parlions plus haut, l'entreprise a décidé d'investir dans de nouvelles technologies pour lutter contre le gel. Tous les systèmes compatibles avec les engagements environnementaux de la maison sont testés. Par exemple le « Fog Dragon », une machine peu énergivore, fonctionnant sur le système d'une chaudière biomasse[63] qui génère un brouillard chaud et protecteur. C'est aussi un système de voiles d'hivernage : à l'aide d'un tracteur, des voiles viennent recouvrir les vignes, les protégeant ainsi du froid mordant de l'hiver.

Le problème le plus criant reste néanmoins le manque d'eau durant les périodes de sécheresse. Difficile, voire impossible d'irriguer : il n'y a pas de cours d'eau à proximité. Et hors de question de construire des bassines de rétention : la solution n'est pas toujours judicieuse et soulève de nombreuses polémiques aujourd'hui. La solution reste à inventer...

---

[63] Une grosse botte de foin y est brûlée et la machine récupère la fumée de combustion, qu'elle enrichit avec de l'eau. Cette fumée chaude et alourdie est ensuite pulvérisée dans chaque rang, à raison d'un passage toutes les 20 minutes environ. L'objectif est double : réchauffer l'air ambiant (de 1,5 à 2 degrés supplémentaires) et protéger les bourgeons givrés des premiers rayons du soleil.

Partage ? Qui de la poule ou de l'œuf... ?

Jacques Lurton en bonne compagnie...

Munis d'un petit sac en papier rempli de leurs épluchures et autres déchets végétaux, les salariés de l'entreprise peuvent nourrir des poules du château à l'appétit vorace ! En échange, ils obtiendront des œufs frais dont ils se délecteront en rentrant chez eux.

Ce système de « troc » a de nombreux adeptes dans les équipes, et quand bien même vous ne participez pas à leur alimentation, les œufs sont disponibles à l'achat pour tous, à un prix dérisoire.

Au sein des Vignobles André Lurton, cette notion de partage et d'ouverture aux autres se retranscrit de bien des manières.

La meilleure illustration ? Le parc du château La Louvière, bien qu'étant une propriété privée, est ouvert au public qui peut donc se rendre dans ce lieu magique lors de promenades en famille.

Le partage, c'est aussi le respect des voisins. Les riverains sont prévenus dès que les vignes sont traitées, ou que des bougies (en tourbe s'il-vous plaît !) sont allumées en vue de lutter contre le froid dans les vignes.

Une question de respect mais également de cohérence :

« L'idée, c'est de cultiver une certaine transparence, autant en interne qu'en externe. »

En affaires, on retrouve également ce sens du partage. L'implication est très forte dans la vie des syndicats professionnels du secteur. Une voie évidente pour s'entraider entre vignerons de la région. Et lorsque l'on sait le rôle d'André Lurton, grand artisan de la création de l'appellation Pessac-Léognan[64] dans les années 80, on constate combien l'investissement au sein du collectif régional est ancré dans l'histoire et le mode de fonctionnement de la famille. ***« Le partage est à l'origine de nombreux cercles vertueux : les vignerons du bordelais ne sont pas nos concurrents, ce sont avant tout nos voisins ».***

Entreprendre,
c'est aussi accepter l'imprévu...

[64] Le 9 septembre 1987, la région des Graves qui se situe au sud de Bordeaux, le long de la Garonne se scindait en deux, donnant naissance à l'appellation Pessac-Léognan.

À RETENIR

La phrase-choc :

« Le partage est à l'origine de nombreux cercles vertueux. »

La bonne pratique managériale :

Une demi-journée de brainstorming annuelle pour réfléchir aux moyens d'être plus respectueux de l'environnement

Les exemples inspirants :

Des bouteilles plus légères, pour des centaines de tonnes de CO_2 en moins

Des œufs frais en échange d'un peu de nourriture pour les poules

L'utilisation d'un « Fog Dragon » pour lutter contre le gel

La plantation de haies servant de corridors écologiques

La construction de stations d'épuration

Vignobles André Lurton : une véritable institution bordelaise !
Dégustez leur site internet : andrelurton.com

Voir la vidéo

Implantations de la société :

Région Bordelaise (Château Bonnet ; Château Couhins-Lurton ; Château La Louvière ; Château de Rochemorin ; Château de Cruzeau ; Château de Barbe Blanche)

Collaborateurs :

185 personnes

CETIH

En transcendant les portes, il nous transporte.

Toujours à l'écoute de ses valeurs,
François Guérin voit les choses en grand :

une nouvelle approche de l'habitat,
des innovations, en veux-tu, en voilà,
et même une nouvelle approche du capitalisme !

Plus qu'un objectif, il a une mission :
s'engager pour le monde de demain.

Un monde Rayonnant,
où la RSE ouvrirait toutes les portes...

CETIH, porte ouverte sur la RSE...

Nous sommes chez CETIH, un fabriquant de portes et fenêtres.

À notre arrivée nous sommes ainsi accueillis dans un showroom empli de portes ! Je ne peux m'empêcher de penser au générique de la série de science-fiction « La quatrième dimension ». Une porte s'ouvrait... vers un univers inconnu et fantastique.

Vers où nous mènent toutes ces portes ? Vers l'inconnu ?

Pas du tout.

Avec François Guérin, PDG du groupe CETIH, l'hésitation n'est pas bien longue. Toutes les portes invitent à un voyage vers le monde fantastique de la RSE.

Le chemin est tracé, la mission définie. Ce n'est pas un hasard si l'entreprise a choisi de devenir une société à mission.

Dans chaque bureau, et il y en a pas mal, un affichage rappelle les « fondamentaux » du groupe : les engagements, les valeurs et la mission. Impossible de les oublier. Ils ont été choisis collectivement. Ils sont le ciment de la réussite de la société et de toutes les parties prenantes.

C'est une véritable dose d'optimisme que François nous administre. Le crédo de l'entreprise ? ***« Nous sommes des gens ordinaires qui, ensemble, faisons des choses extraordinaires ».***

Basée au sud de Nantes, CETIH est une entreprise industrielle spécialisée dans l'enveloppe de l'habitat. Elle propose portes d'entrée, fenêtres, solutions solaires, ventilation et isolation.

CETIH, c'est 1500 collaborateurs, plus de 45 ans d'existence et la volonté d'innover pour offrir à sa clientèle des produits performants, esthétiques et responsables, en cohérence avec la volonté d'œuvrer pour un habitat harmonieux, durable et tourné vers l'humain. Mais la RSE n'est pas seulement affichée sur les murs. C'est le socle de tout le fonctionnement de la société. Ça Rayonne de partout !

En 2021, CETIH est ainsi devenue société à mission : un choix qui sonne comme une évidence quand on voit l'engagement de François et de son prédécesseur Yann Rolland, dans une politique RSE exemplaire. ***« La RSE, c'est la responsabilité en tant que dirigeant et entreprise, pour améliorer ses impacts vis-à-vis de l'ensemble de ses parties prenantes. Inscrire notre mission jusque dans nos statuts permet de sanctuariser son utilité. »***

La société à mission[65], est un concept que l'on doit à la loi Pacte[66]. Il constitue le troisième et dernier niveau d'implication d'une entreprise en tant qu'objet d'intérêt collectif. En d'autres termes, c'est l'engagement XXL quand on parle RSE. En retour, l'entreprise doit communiquer de manière transparente sur sa raison d'être, ses objectifs et ses engagements. Un comité de mission externe est chargé de constater si vous méritez ce statut. Est-ce le cas de CETIH ? Assurément !

Ambition et Partage :
Le capitalisme est mort, vive le capitalisme !

Pour François, l'ambition doit être au service de l'entreprise, et non l'inverse. Être un modèle d'entreprise pour un capitalisme utile et responsable, voilà l'objectif ambitieux qu'il se fixe :

« Chez CETIH on cherche à sortir de l'individualisme pour davantage considérer l'intérêt collectif, et à s'engager sur des sujets de transformation, de transition et de responsabilité sur le moyen et long terme. »

---

[65] Voir annexe 1 page 135.

[66] Le plan d'action pour la croissance et la transformation des entreprises (PACTE) vise à lever les obstacles à la croissance des entreprises, à toutes les étapes de leur développement : de leur création jusqu'à leur transmission, en passant par leur financement. Promulguée en 2019, la loi PACTE a également pour objectif de mieux partager la valeur créée par les entreprises avec les salariés. Elle permet aussi aux entreprises de mieux prendre en considération les enjeux sociaux et environnementaux dans leur stratégie.

Les objectifs économiques sont donc indissociables de l'ambition sociale et environnementale qui anime notre homme. La plus forte des originalités de CETIH, c'est certainement la structure de son capital. Il est détenu par 3 blocs à peu près équivalents : des fonds d'investissements, un grand nombre de salariés et, beaucoup plus rare, par un fonds de dotation[67] philanthropique.

Comment ça marche ?

Ancien dirigeant de la société durant 26 ans et alors actionnaire majoritaire, Yann Rolland a transféré de manière irrévocable une part de ses actions à Superbloom, le premier fonds de dotation familial français, aujourd'hui actionnaire à 35% de CETIH, société à mission ! La famille Rolland concrétise de cette manière sa vision du partage et de l'intérêt général. Tous les dividendes perçus par Superbloom financent des projets dans deux domaines d'intervention : l'éducation alternative et les femmes en situation de précarité. Rare !

Un autre tiers du capital est détenu par quelques 800 salariés (près de 60 % des collaborateurs). Le mécanisme mis en place est assez classique aujourd'hui, mais plutôt complexe à mettre en œuvre dans des sociétés non cotées en bourse. Les collaborateurs peuvent chaque année investir avec de l'apport personnel ou avec les sommes provenant de l'intéressement et de la participation. Pour les encourager, la société abonde une partie des euros investis. Les montants utilisés pour acheter des actions de la société se voient ainsi augmentés. L'argent des salariés réinvesti dans l'entreprise grâce à ce mécanisme permet de contribuer au financement et au développement de la société, avec un retour à moyen terme pour les salariés.

Et hop, l'actionnariat salarié a le vent vertueux !

Les fonds d'investissements qui viennent compléter le capital sont, vous vous en doutez, en accord avec cette politique. Ce sont des fonds à impact ou représentant le territoire ou investissant dans la transition énergétique... en résumé, des fonds choisis qui ont investi en toute connaissance de cause.[68]

---

[67] Le fonds de dotation est un organisme de mécénat, destiné à collecter des dons pour aider un autre organisme, à but non lucratif, à réaliser une œuvre ou une mission d'intérêt général.

[68] Les fonds Tikehau T2 Energy Transition, fonds dédiés à la transition énergétique et principaux investisseurs dans l'opération, le fonds régional Ouest Croissance, partenaire historique de CETIH et le fonds à impact Quadia.

Cette répartition capitalistique a un autre avantage non négligeable : la stabilité. La majorité est très bien maîtrisée. La société ne peut pas être rachetée par un fond hostile et opposé à la mission de l'entreprise.

À l'heure où nous cherchons à garder sur notre sol nos pépites françaises, CETIH et ses dirigeants successifs ont trouvé leur solution. Nous venons de prendre une leçon de capitalisme de proximité, philanthropique et permettant, en plus, de conserver nos meilleures ETI.

Je n'avais pas imaginé, en écrivant en 2019 « la quête de l'Entreprise Rayonnante », des initiatives aussi poussées pour alimenter le concept ! Cette quête passionnante s'enrichit à chaque rencontre... j'adore !

J'interroge néanmoins François, presque en chuchotant : ce modèle fonctionne bien tant que l'entreprise fait de beaux bénéfices. Tant que participation et intéressement dépassent les 2 mois de salaire par an... Mais si les résultats financiers devaient baisser et la manne du partage des profits disparaître, comment réagiraient les salariés de CETIH ? François me répond du tac au tac : ***« comment voulez-vous que l'entreprise aille mal avec des équipes hyper-motivées et 800 actionnaires qui viennent tous les jours au boulot ?*** *L'entreprise devient un bien commun. Cela crée un engagement et une motivation supplémentaire favorables à la bonne santé de l'entreprise* ».

François fait partie des capitalistes des temps nouveaux.

Bien entendu, les actions philanthropiques du fonds de dotation sont présentées aux salariés. Ils savent ainsi chaque année à quoi servent les bénéfices réalisés et distribués à Superbloom. La transparence est le meilleur allié du partage.

En plus de sa casquette de PDG altruiste, François Guérin préside une association Rayonnante : Dirigeants Responsables. Elle a pour but d'aider les dirigeants et entrepreneurs à rendre leur démarche RSE la plus efficace possible. Cette structure nous a tellement impressionnés que nous avons décidé de l'intégrer dans la liste des 12 Entreprises Rayonnantes. Car une association aussi peut être une Entreprise avec un grand E.

Compétence ? Toujours la même cohérence

Avec la répartition du capital, la gouvernance est aussi revue. Un comité stratégique, présidé par François Guérin, contribue à la réflexion et valide les choix stratégiques majeurs. Il regroupe le représentant des salariés actionnaires, un membre de chaque fonds et 4 dirigeants d'entreprise apportant des regards et expertises complémentaires. Ensemble on est plus fort que tout seul.

Un comité de mission présidé par Virginie Raisson-Victor, co-initiatrice du Grand défi des entreprises pour la planète et présidente du GIEC[69] Pays de la Loire, est responsable du suivi et de l'exécution de la mission. Les meilleurs sont donc regroupés autour de CETIH.

Une fois de plus Jean et moi découvrons la force des cercles vertueux. Les bons attirent les meilleurs.

La formation est un autre sujet prioritaire. Pour François, elle est indispensable à la culture managériale de l'entreprise ainsi qu'à la cohésion interne. Un parcours de formation au Management Responsable a par exemple été créé à l'attention des collaborateurs. Le centre de formation CETIH, une école s'adressant à tous les professionnels de l'habitat, qu'ils soient artisans, constructeurs, débutants ou initiés propose une offre de formation répartie en quatre grands axes : la menuiserie extérieure, l'énergie solaire, l'isolation et la ventilation, et le travail en hauteur.

Pour ouvrir un centre à tous les acteurs du marché, même s'ils travaillent avec la concurrence, il faut être pleinement persuadé que la formation est la clé qui ouvre toutes les portes.

Innovation ? Un cercle vertueux !

En plus d'une organisation capitalistique et d'une gouvernance inventives, les innovations éclosent dans tous les services. Seule contrainte, elles doivent être synonymes d'impact environnemental positif, bien entendu !

Pour la plupart, ce sont les salariés de l'entreprise qui sont à l'origine des innovations. Chacun d'entre eux a la possibilité de partager ses idées en vue d'améliorer les conditions de travail ou d'optimiser le processus de production. Par la suite, les idées retenues sont appliquées et des équipes de super-bricoleurs sont dédiées à leur mise en place, sur chaque site de production. Une idée donnée par un collaborateur, c'est de l'or. On ne la perd pas. Comme chez un orfèvre où la moindre paillette d'or est précieuse, chaque idée est étudiée, utilisée,

---

[69] Depuis plus de 30 ans, le GIEC (Groupe d'experts Intergouvernemental sur l'Evolution du Climat) évalue l'état des connaissances sur l'évolution du climat, ses causes, ses impacts. Il identifie également les possibilités de limiter l'ampleur du réchauffement et la gravité de ses impacts et de s'adapter aux changements attendus.

valorisée pour la richesse commune. Dans 80 % des cas, les idées retenues ne demandent pas trop de ressources pour être mises en place. Les équipes « d'amélioration continue » œuvrent ainsi de manière totalement autonome. Ça Rayonne, je vous le dis, ça Rayonne !

Grâce à ce mode de fonctionnement, des centaines d'actions sont mises en place chaque année, pour le plus grand bonheur de tous : une productivité accrue, davantage de sécurité, des conditions de travail plus agréables et des produits éco-conçus avec des matières biosourcées ou recyclées.

À titre d'exemple, on pourra citer le fait que plus aucune porte ou fenêtre n'est soulevée dans l'entreprise. A la place, elles glissent, roulent et basculent sur des dispositifs conçus à cet effet, et sans cesse améliorés pour rendre le processus de fabrication optimal à tous les niveaux.

Chez CETIH on ne porte pas les portes !
Ici, on surfe sur l'innovation...

Les postes autrefois réservés aux physiques les plus imposants sont désormais ouverts à tous les profils, y compris aux femmes. Cela a permis de faire un grand pas sur le chemin de la parité au sein des usines de production. Cette féminisation du métier grâce à l'innovation pourrait inspirer plus d'un industriel !

François pense que l'innovation doit être au service des engagements de l'entreprise :

« Il faut chercher à inventer ce que sera demain. »

Ainsi, dès 2010, tous les salariés utilisant une alternative à la voiture pour se rendre au travail recevaient une prime d'éco-transport de 220 euros par an. À l'époque, cette pratique n'ayant malheureusement pas encore été votée au parlement, a fait l'objet d'un redressement lors d'un contrôle d'une de nos chères administrations. Mais ce type de mésaventures n'est pas un frein, juste une petite contrepartie à payer Lorsque l'on a choisi d'être un pionnier.

Environnement ? Implacable engagement

Comment réduire la quantité d'eau nécessaire à la fabrication d'une porte ?

Comment réduire la quantité de déchets générés par nos usines ?

Se poser les bonnes questions a permis de réduire la consommation d'eau de l'entreprise de moitié en l'espace d'une décennie et de 25 % celle d'électricité. Ces progrès ont notamment été rendus possibles par le travail acharné de deux ingénieurs et des équipes de conception. En l'espace de 4 ans, ils ont repensé l'ensemble des gammes de l'entreprise. Pour compléter ce travail, ils ont également défini **un indicateur d'impact environnemental**, désormais incontournable à chaque prise de décision. Une belle preuve de recul et de maturité sur le sujet.

Chez CETIH, le bois est le matériau historique. Pourtant, il y a quelques années, il avait été relégué au second plan au profit d'autres matériaux beaucoup plus énergivores tels que l'acier. François a fait un pari en se lançant dans un plan de relance, avec l'aide du designer de l'entreprise. Aujourd'hui, l'usine consacrée à la production de produits en bois tourne à plein régime, samedi et dimanche inclus : la transition écologique est un projet de longue durée.

Cette vision sur le long terme explique également la décision du groupe de devenir, il y a quelques années, actionnaire de Systovi, une entreprise qui évolue dans le secteur du photovoltaïque. Même si l'investissement n'a pas été très rentable jusqu'à présent, François se veut positif pour l'avenir :

« On n'a pas encore trouvé le modèle économique rentable mais on sait que c'est l'énergie de demain. Avec la bonne impulsion de la part du gouvernement et de l'Europe, notre action prendra enfin tout son sens. »

À titre personnel François a opté, par souci de cohérence et d'exemplarité, pour un véhicule confortable, certes, mais polluant le moins possible : ***« En tant qu'industriel, acheter français est un geste politique. »***

Vous pouvez vérifier, ils ont toutes les couleurs pour Rayonner... ensemble.

À RETENIR

La phrase-choc :

« Nous sommes des gens ordinaires qui, ensemble, faisons des choses extraordinaires. »

Les bonnes pratiques managériales :

La présence d'une charte RSE partout dans les locaux de l'entreprise

La mise en place et le développement de l'actionnariat salarié

Le comité de mission, présidé par une experte reconnue

Un indicateur d'impact environnemental pour mesurer, en amont des décisions

Les exemples inspirants :

La volonté de devenir une société à mission pour aller au bout de ses engagements

La présence d'un « atelier d'amélioration continue » sur chaque site de production

Un fonds de dotation philanthropique comme actionnaire majeur

Un plan de relance des produits en bois, malgré les réticences de l'époque : voir à long terme

Poussez la porte de CETIH !

Visitez leur site internet : cetih.eu

Voir la vidéo

Implantations de la société :

Une entreprise industrielle 100 % française.

À Machecoul (44) et sur 7 sites répartis à proximité

Collaborateurs :

1500 salariés

DIRIGEANTS RESPONSABLES

Association reconnue d'utilité sociétale

Chez Dirigeants Responsables, il s'agit de **regarder plus loin**.

Pour ensemble, engagés et inspirants, **viser plus haut**.

Et sans doute aucun, avec sérénité, **devenir plus forts !**

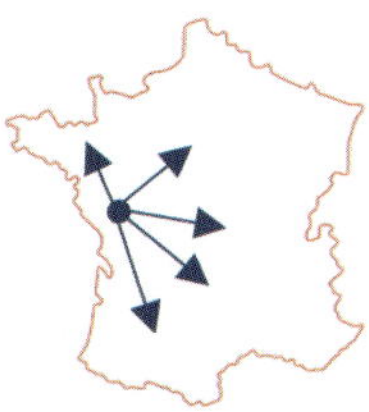

Responsables, comme une évidence...

Je vous le dis d'entrée de jeu, Dirigeants Responsables, ce n'est pas une entreprise mais une association ! Mais alors, que vient-elle faire dans cet ouvrage ? Vous allez rapidement comprendre pourquoi je n'ai pas pu résister à l'envie de l'intégrer à celui-ci. Croyez-moi, elle y a toute sa place !

« Face à l'urgence environnementale et sociale, les dirigeants se mobilisent, expérimentent et transforment leurs entreprises pour contribuer à un futur désirable ».

Dirigeants Responsables est une association qui, depuis sa création[70] à Nantes en 2010, œuvre pour une reconnaissance partout et par tous, de la RSE. Dans un esprit de solidarité, pour une économie responsable et durable, le collectif formé exclusivement d'entrepreneurs et de dirigeants, élabore et fait Rayonner une vision stratégique commune. Elle est basée sur le développement de la RSE au sein des entreprises et des organisations, peu importe leur taille[71]. Elle s'efforce ainsi de créer une dynamique nationale en déployant cette vision sur les territoires. Preuve de son succès, l'association, anciennement appelée Dirigeants Responsables de l'Ouest, s'est débarrassée du dernier tiers de son sigle pour faire face à l'ampleur que prenait le mouvement à l'échelle nationale. On notera que de nombreuses antennes de Dirigeants Responsables ont également vu le jour à Rennes, Angers, Reims... Aujourd'hui, le collectif de l'Ouest à l'initiative du mouvement, regroupe 158 entreprises, pour un total de plus de 70 000 collaborateurs évoluant au sein des entreprises membres. Quels sont ses objectifs ? La cohésion, la collaboration, la mutualisation, l'essaimage et... le Rayonnement. Tiens donc ! J'ai eu la chance de m'entretenir avec deux de ses membres : un ancien président de l'association, Lionel Fournier (L.F.), directeur Santé & Écologies chez Harmonie Mutuelle et du développement durable du groupe VYV et Sylvie Casenave-Péré (S.C.P.) présidente du groupe Posson Packaging engagée dans une démarche RSE depuis qu'elle a repris l'entreprise en 1995 :

---

[70] On la doit à Yann Rolland, ancien Président de CETIH, Hubert de Boisredon, PDG d'Armor et Christian Lafarge, Directeur du Développement Durable chez Rémy Cointreau.

[71] 31 % des entreprises membres emploient plus de 250 salariés, 34 % d'entre elles en emploient entre 51 et 250 et enfin, 35 % de ces entreprises emploient moins de 50 salariés.

« Ce sont nos engagements RSE qui nous ont permis de sortir l'entreprise du dépôt de bilan. On l'a fait sans argent, simplement avec notre volonté de nous singulariser sur le marché, d'apporter un autre type de management dans l'entreprise : un management conscient de ses responsabilités à tous les niveaux[72]. » S.C.P.

Partage ? et Compétence ? L'union fait la force !

« Dès qu'on commence à vouloir prendre des mesures concrètes et à remettre en question son business, on constate que ce n'est pas évident de le faire seul. Ce genre de combat doit être mené à plusieurs ! » **L.F.**

Pensée pour être une sorte d'université de l'entrepreneuriat responsable, l'association organise chaque année de nombreux événements, synonymes de partage d'expériences et de savoirs : ateliers, rencontres, conférences. Durant son mandat, Lionel décidera notamment de faire intervenir Geneviève Ferone Creuzet l'une des pionnières des sociétés à mission en France. Anecdotique ? Au contraire ! Depuis cette conférence, la proportion des sociétés à mission faisant partie du collectif a considérablement augmenté. On notera que 96 % des entreprises membres sont investies dans une démarche de labellisation ou d'évaluation, une statistique qui s'explique notamment par la mise en place d'un partenariat entre l'association et différents labels tels que : LUCIE[73], Planet'RSE[74] ou Global Compact[75].

« Nombreux sont ceux qui pensent que des dirigeants d'entreprise ne se rencontrent que pour parler d'argent... C'est faux ! Avec les DRO, on parle logistique, social, écologie. C'est grâce à ce système que je me suis initié à l'économie circulaire ! » L.F.

Se former et avancer, ensemble : voilà l'objectif que s'est fixé Dirigeants Responsables de l'Ouest au départ.

---

[72]Posson Packaging a été labellisée « vitrine industrie du futur » en 2019. Les produits d'emballage pour l'industrie, en carton compact et ondulé, sont éco-conçus et produits de manière responsable en veillant à livrer le juste besoin aux clients.

[73] Le label LUCIE vient récompenser les progrès faits par les entreprises en termes de RSE.

[74] Label basé sur 51 critères permettant d'évaluer toute entreprise de plus de dix salariés sur les 5 axes de la RSE (Gouvernance, Économique, Social, Sociétal, Environnemental).

[75] Initiative internationale d'engagement volontaire en faveur de la responsabilité sociétale de l'entreprise.

Des ateliers sont donc organisés dans l'optique de faire grandir les membres de l'association sur un sujet RSE donné. Pour ne pas se contenter de les survoler mais au contraire de les traiter en profondeur, un cycle d'environ 7 réunions est mis en place autour de chaque sujet abordé : gouvernance participative, inclusion, IKIGAÏ[76]... Bien évidemment des membres de l'association animent ces ateliers intitulés « Grands Témoins ».

Pour Sylvie, l'apport de l'association est précieux :

« DRO, pour moi, est une caisse d'amplification. C'est un think tank[77] dont le but est de conduire le changement, en intégrant dans son programme de plénières des fenêtres sur le monde tel qu'il est en train d'émerger. J'y trouve des idées nouvelles que je vais adapter à mon business. » S.C.P.

Récemment, Posson Packaging s'est lancé dans un projet d'extension de ses bâtiments logistiques et Sylvie, suite à une conférence organisée par les DR, a su comment elle allait pouvoir concrètement compenser le carbone émis grâce à la reforestation. En partenariat avec la collectivité territoriale, vont être plantées des micro-forêts selon la méthode Miyawaki[78]. Rayonnant. De plus, de tels projets permettent à l'association de mettre en valeur les actions exemplaires engagées par les entreprises membres !

Concernant l'apport de son entreprise à l'association, Sylvie nous explique :

« Je représente fièrement le secteur industriel de la région Ouest de la France et j'apporte également le témoignage de ce qu'il est possible de faire dans une PME avec des moyens limités. »

Innovation ? Un formidable effet boule de neige !

Désormais directeur Santé & Écologies chez Harmonie Mutuelle, Lionel est également membre du comité de Direction Générale, ce qui montre à quel point sa nouvelle mission est prise au sérieux au sein de l'entreprise. En 2021, Harmonie Mutuelle est devenue une entreprise (mutualiste) à mission sous son impulsion. DRO, la

---

[76] Concept japonais signifiant raison d'être ou joie de vivre.

[77] Groupe de réflexion privé qui produit des études sur des thèmes de société au service des décideurs.

[78] Méthode consistant à planter des essences d'arbres et arbustes indigènes de façon très dense sur une surface réduite. Le but est alors de créer des « micro-forêts » en pleine ville ou dans des lieux fortement perturbés. Cela permet notamment de créer des puits de carbone et ainsi de compenser le carbone émis lors de la construction de bâtiments par exemple.

petite association a participé à faire avancer la grande Mutuelle. Le premier rapport établi en ce sens par l'entreprise a été certifié par un Organisme Tiers Indépendant C'est le meilleur témoignage de la volonté d'Harmonie Mutuelle de s'engager pour l'amélioration de la qualité de vie et de la santé.

Cet engagement se manifeste dans les faits : Lionel a l'ambition de décliner le modèle mutualiste traditionnel afin de créer des infrastructures, mutualisées et de proximité, qui permettront d'améliorer les conditions de vie de chacun. Concrètement, des ateliers de réflexion sont organisés, réunissant des particuliers adhérents et/ou des professionnels dans l'optique de lancer des projets collectifs : parking à vélos partagé dans les villes, marchés de producteurs sur une zone d'activité commerciale... Toutes ces bonnes idées, Harmonie Mutuelle souhaite les classer par thématique (alimentation, mobilité, travail, ...) pour ensuite les compiler dans des ouvrages : les BAM, des « Boîtes A Mieux ». La première BAM vient d'être publiée en 2023... Affaire à suivre !

On a des idées, on les partage. C'est tout l'esprit de Dirigeants Responsables qui est décliné dans les faits.

« On veut pouvoir inspirer les gens qui ont envie d'agir à leur échelle, et les aider à pouvoir le faire de façon très concrète ». L.F.

Dans le même esprit, et inspiré par cette belle dynamique, un guide Santé-Environnement a également vu le jour, en collaboration avec l'ADEME[79].

Bien entendu, comme chez Posson Packaging, on innovait déjà avant de rejoindre l'association, mais glaner des idées lors des plénières permet de multiplier les initiatives.

Ambition ? et Environnement ?

Propager la bonne parole, ensemble !

Au total, ce sont 6 valeurs et concepts qui définissent l'ambition rayonnante de l'association : le progrès, l'humain, l'audace, la responsabilité, l'engagement et la solidarité. Quand Lionel prend la tête de l'association en 2018, la question environnementale fait partie de ses priorités. Il décide donc d'organiser, avec des

---

[79] L'Agence de l'Environnement et de la Maîtrise de l'Energie, créée en 1991, est un établissement public à caractère industriel et commercial qui participe à la mise en œuvre des politiques publiques dans les domaines de l'environnement, de l'énergie et du développement durable.

confrères, plusieurs réunions qui lui serviront à poser les bases de son mandat et, par extension, à définir la raison d'être de l'association. L'idée ? Que les Dirigeants Responsables de l'Ouest expérimentent, transforment leur entreprise et coopèrent afin de contribuer à l'émergence d'un futur désirable. En juin 2019, au cours des Universités de l'Économie Responsable, un événement durant lequel Catherine Chabot et Nicolas Hulot prendront notamment la parole, l'association définit 11 chantiers afin de parvenir à une transition efficace, réelle et attentive aux enjeux sociaux. De la réduction des plastiques à la logistique urbaine, en passant par la transition énergétique et solidaire, aucun levier n'est omis et les ambitions sont claires : chacun de ses chantiers devra permettre de diviser par deux les émissions de gaz à effet de serre d'ici 2030.

Chez Posson Packaging, l'écoconception des produits fait partie de la raison d'être de l'entreprise. Il s'agit de concevoir différemment, dans le respect des normes réglementaires, environnementales, sociales, sociétales, primordiales à la pérennité de l'entreprise :

L'ascenseur écologique

« Récemment, mon fils de 24 ans m'a rendu visite à l'entreprise. Les jeunes de son âge sont généralement assez critiques et en veulent à notre génération pour tout le mal qu'elle a fait à la planète. Je lui ai alors montré qu'on pouvait prospérer économiquement tout en réduisant fortement son impact environnemental : les DRO m'ont aidé à conscientiser ces enjeux. » S.C.P.

Le succès que rencontre l'association est tel que Sylvie s'inquiète de voir des entreprises la rejoindre uniquement pour améliorer leur image.

« Il ne faudrait pas qu'elle se transforme en une sorte de label : une structure ne vit que par ce qu'on lui apporte, pas seulement par ce qu'on y prend ». S.C.P.

Une bonne idée, rejoignez-les et amenez vos idées ! Il vous suffit de contacter un DR territorial ou le collectif dont le président n'est autre que François Guérin, le président de CETIH.

À RETENIR

La phrase-choc :

« Face à l'urgence environnementale et sociale, les dirigeants se mobilisent, expérimentent et transforment leurs entreprises pour contribuer à un futur désirable. »

Les bonnes pratiques :

L'organisation d'ateliers, de conférences, de réunions... pour partager, transmettre et former les membres

Aller vers une labellisation : un bon moyen de qualifier vos actions

La définition d'une raison d'être, de valeurs et de 11 chantiers pour les porter concrètement

Les exemples inspirants :

La décision d'Harmonie Mutuelle de devenir une société à mission sous l'impulsion de DRO

Le projet de reforestation de Posson Packaging, permis en grande partie grâce à l'apport des plénières

Le taux (96 %) d'entreprises membres investies dans une démarche de labellisation ou d'évaluation

Chaque membre de l'association a des exemples concrets. Nous n'en avons interrogé que 2 !

Vous voulez en savoir plus cette association ?

Visitez son site internet : dirigeantsresponsablesdelouest.fr

Voir la vidéo :

Posson Packaging : posson.fr et Harmonie Mutuelle : harmonie-mutuelle.fr

Implantations de l'association :

Un peu partout dans l'Ouest, mais le modèle tend à se développer à l'échelle nationale

Collaborateurs :

158 entreprises membres, pour 70 000 personnes environ

VISITE EN TERRE D'ÉCONOMIE

En passant par Montpellier,
je me suis permis une petite visite au LabEx Entreprendre.
J'ai été reçu par son directeur, Jean-Marie Courrent[80],
par ailleurs en charge de la chaire de
« management et entreprenariat responsable ».
La RSE pour ne pas la nommer.

Un entretien éclairant.

Avec son objectif, Jean déride même les universitaires de renom.

Les LabEx, ou Laboratoires d'excellence, sont des lauréats d'appels à projets lancés dans le cadre du Programme d'Investissements d'Avenir (PIA) et visant à financer des équipes de recherche. Sélectionnés par des jurys internationaux, dotés de moyens significatifs, ils permettent de faire jeu égal avec leurs homologues étrangers. Le LabEx Entreprendre réunit quelque 200 chercheurs issus de 6 équipes de recherche en droit, économie et gestion menant des travaux sur l'entrepreneuriat et l'innovation en lien avec les enjeux du développement durable. C'est le seul LabEx dédié à l'entrepreneuriat.

---

[80] Jean-Marie Courrent a publié aux Éditions De Boeck : « RSE et développement durable en PME : comprendre pour agir. »

Les PME font souvent de la RSE, mais sans le savoir. Un peu comme M. Jourdain avec la prose. Elles en parlent peu, contrairement aux grandes entreprises qui affichent leurs engagements. Les actions menées par les PME et leurs incidences sont donc assez complexes à mesurer.

Cette difficulté est d'autant plus importante **qu'il est assez difficile de quantifier l'impact des actions que l'on mène dans le domaine social ou environnemental**.

Concernant les sujets économiques, on sait mesurer nos actions. Imaginons réaliser un investissement de 50 k€. C'est chiffré et précis. Il en est de même s'agissant du résultat de nos actions : mon chiffre d'affaires a progressé de 5 % et mon bénéfice de 12 %. Les indicateurs sont présents dans toutes les entreprises. Ce sont les bilans, comptes de résultat et autres tableaux de bords financiers. Dans les domaines du social et de l'environnement, on sait mesurer nos actions elles-mêmes - j'ai divisé par 2 mes déplacements en avion, ce qui représente xx tonnes de CO2 - **mais plus difficilement l'impact concret qu'elles ont sur la planète.** Par exemple, si le nombre de papillons augmente ou diminue, comment évaluer précisément l'influence de mes vols en avion sur cette variation ?

Ce sont des sujets pour lesquels il faut accepter de ne pas pouvoir tout mesurer.

En l'absence d'indicateurs précis, les personnes qui font volontairement des efforts sur le plan social, sociétal ou environnemental le font **parce qu'elles y croient**.

Et aussi **parce qu'elles le peuvent**. Le chef d'entreprise qui a des difficultés de trésorerie va probablement mener moins d'actions sociales ou environnementales, car il est sous contrainte économique.

Conclusion : on fait plus aisément de la RSE quand on est en bonne santé financière.

Conscient de s'adresser à des PME toujours friandes d'outils simples et efficaces, Jean-Marie Courrent propose un tableau d'analyse très utile pour positionner les choix et contraintes des dirigeants et entrepreneurs : remplissez le pour vous-même, vous pourrez ainsi mesurer votre « Maturité RSE ».

Niveau de priorité	Économique Court Terme	Économique Long Terme	Social	Sociétal	Environnement
Un objectif					
Un moyen					
Une contrainte					

Clairement, pour un entrepreneur avec une contrainte de trésorerie forte et/ou un problème de court terme, il y a peu de chance que social, sociétal et environnemental puissent être dans ses objectifs. L'impératif est clair, unique : il faut renflouer l'entreprise.

Prenons une autre situation, celle des entreprises familiales. Elles ont en général des objectifs financiers à long terme en lien avec une volonté patrimoniale visant à léguer l'entreprise aux générations futures.

S'investir dans le social, le sociétal et l'environnemental est un objectif compatible avec la vision d'un modèle pérenne. **Tous est alors possible, sous réserve que les dirigeants en aient envie.**

Niveau de priorité	**Économique Court Terme**	**Économique Long Terme**	**Social**	**Sociétal**	**Environnement**
Un objectif		Ent. Familiale	?	?	?
Un moyen	Ent. Familiale				
Une contrainte					

Des associations comme Dirigeants Responsables, CEC ou la lecture de ce livre Rayonnant, permettent de décupler votre envie et de positionner la RSE comme un objectif. Mais si vous ne voulez pas y adhérer, alors la contrainte législative, la norme à respecter, la sanction fiscale ou financière sera le seul moyen de faire avancer le sujet.

Donner envie d'une part et la contrainte législative d'autre part sont donc des outils complémentaires si nous voulons avoir des entreprises qui s'investissent pour le bien de notre planète et de nos concitoyens.

Vous cherchez du boulot et une entreprise qui donne du sens à votre vie professionnelle ?

Vous cherchez un partenaire avec qui vous partagez des valeurs ?

Remplissez ce tableau. Il va vous éclairer...

Merci professeur Courrent.

Site internet : labex-entreprendre.fr

FIN DU VOYAGE ET RETOUR À ITHAQUE

Au terme de cette odyssée, mon Inspirant préféré se nomme...

Je ne vais pas vous le dire.

Non pas que je veuille faire plaisir à tout le monde en usant de la langue de bois.

Non pas pour terminer ce récit en déclarant : « *tout le monde il est beau, tout le monde il est Rayonnant !* »

Non. Je ne vais pas vous le dire simplement parce qu'ils m'ont tous ému, impressionné, emballé ou simplement fait réfléchir. Aucun d'eux ne m'a laissé indifférent. Et notre artiste photographe pense de même.

Un matin, juste avant une interview, Jean me dit : « tu sais, je suis en train de vivre le plus beau moment de ma vie professionnelle. Rencontrer ces gens est tout simplement inespéré. Tellement d'optimisme, d'envie, d'esprit d'entreprise... et ils se prêtent au jeu de mes photographies décalées... c'est géant ! »

J'espère qu'à la lecture de cet ouvrage, en regardant les lumières des photographies, en écoutant la musique des mots, en découvrant la force des bonnes pratiques, vous aurez vous aussi ressenti un peu de ce qui nous a fait vibrer. J'espère que nous aurons été de bons passeurs.

Jean et moi avons une expérience certaine du monde professionnel. Nous avons tous deux été chefs d'entreprises, et nous savons que le quotidien des hommes et des femmes interviewés dans ce livre est, comme pour tous ceux qui exercent des responsabilités, fait de mauvaises nouvelles, de revers, de combats difficiles, parfois même d'échecs. Ils ont probablement certains petits-déjeuners bougons, quelques déjeuners râleurs et même, parfois, un dîner boudeur. Tout cela nous l'imaginons, nos 12 inspirants le vivent, mais ils ont choisi de l'oublier. Ils ont une incroyable capacité à se concentrer sur le positif, afin de continuer à avancer, encore et toujours.

Ils réussissent autrement...

Comment font-ils ? La vision positive de leur environnement leur permet d'exceller dans le contournement des obstacles pour toujours aller de l'avant.

Comme eux, nous avons pris le parti de voir la beauté du verre, la qualité de son contenu, en oubliant pour une fois de prendre en compte sa contenance ; qu'il soit à moitié plein ou vide importe peu.

Cela fait un bien fou.

Le temps de notre expédition entrepreneuriale, nous avons oublié les manifs, les retraites, les combats politiques, les guerres, les faits divers, les petites phrases mesquines, les imbéciles qui parlent trop sur les réseaux sociaux. Nous avons rencontré la France qui gagne, tout en en respectant l'humain et l'environnement. Nous avons dégusté de belles entreprises françaises, aux fiers salariés qui y donnent leurs heures, leur intelligence et leur savoir-faire. Nous avons bu des rasades de leur optimisme créatif et agissant. Nous avons découvert combien se lancer sur un chemin Rayonnant peut aider à transcender les problèmes.

Non... je n'ai pas d'inspirant préféré. Je les ai tous trouvés solaires.

Certains ont mis en place un système managérial Rayonnant implacable, de la mission aux valeurs en passant par la liste des responsabilités et engagements. Ils cochent tout, voire plus. D'autre sont des intuitifs Rayonnants : ils abordent le management avec leur cœur et leur humanité, simplement. Ils n'en sont pas moins de remarquables exemples. Une entreprise de 1 000 personnes ne fonctionne pas comme une « petite » société familiale. C'est tout.

Dans le chapitre suivant, vous trouverez leurs idées et bonnes pratiques organisées de manière synthétique. J'ai souhaité vous passer, en plus des récits, un trousseau de clés pour vous faciliter l'accès à un management Rayonnant. Je suis persuadé que vous pourrez tous picorer, une, deux, trois, dix idées à mettre en place dans votre organisation, petite ou grande.

Si vous êtes manager, vous mettrez cette ou ces idées directement en place.

Si vous êtes managé, vous soufflerez la piste à suivre à votre supérieur.

À chaque fois que vous détecterez un sujet inspirant dans ce livre, et que vous le mettrez en œuvre, cela créera une petite étincelle qui fera Rayonner un peu plus nos entreprises et nos territoires.

Pour cela, par avance, ami lecteur, merci.

10 CLÉS
DU MANAGEMENT RAYONNANT

12 histoires remarquables.

12 dirigeants Inspirants.

52 idées ou bonnes pratiques.

Une par semaine, c'est bien, mais...

Il fallait aussi une synthèse :
10 clés du management Rayonnant,
structurées autour des valeurs Rayonnantes.

Comment en faire bénéficier votre organisation ?
Picorez parmi toutes les idées proposées par nos managers inspirants ou bien déclinez les 10 clés managériales dans votre entreprise, votre service, votre équipe.

CLÉ 1 : CONSTRUIRE SUR LE LONG TERME

Ambition collective

Nos inspirants sont unanimes : qu'ils dirigent des entreprises familiales comme les Vignobles Lurton, Europlastiques, Hygiène Office ou Géotec, des structures capitalistiques comme Cétih, ou coopératives comme Sica Atlantique, ils considèrent tous le fait de s'inscrire dans un temps long (plus de 10 ans) comme un atout considérable.

Une entreprise pérenne se construit dans le long terme. Les visions court-termistes sont battues en brèche.

Les entreprises familiales, cela a été maintes fois mis en évidence, ont globalement de meilleures performances financières que les autres entreprises. Selon Waren Buffet, c'est en raison de leur « patience et au courage d'investir à long terme ». Tout est dit. Notre panel d'entrepreneurs Inspirants et Rayonnants l'a très bien intégré. Voici quelques exemples d'actions menées pour stabiliser le capital sur le long terme.

IDEES N°	BONNES PRATIQUES / EXEMPLES	ENTREPRISES	PAGES
1	**Actionnariat salarié** en complément des règles de gouvernances familiales.	GÉOTEC	39
2	**Actionnariat salarié** pour stabiliser le capital et remercier les équipes.	HOTRAVAIL	29
3	Détention d'une part du capital par un **fonds de dotation philanthropique.** Grand nombre de salariés actionnaires pour partager et pérenniser. En complément, choix de **partenaires financiers ancrés sur le territoire.**	CETIH	103

Les stratégies de nos 12 interviewés s'inscrivent dans un temps long, que leur entreprise soit une société à mission ou pas.

IDEES N°	BONNES PRATIQUES / EXEMPLES	ENTREPRISES	PAGES
4	Pour rendre ses bureaux plus écologiques, la société construit ou rénove ses propres immeubles en **appliquant en amont les normes les plus avancées.** C'est une stratégie structurante de long terme.	NEWTON OFFICES	63
5	**Pour sa nouvelle implantation, l'avenir est anticipé. L'usine pourra grandir sur une réserve foncière** de plusieurs hectares. Et en attendant, cet espace n'est pas laissé en jachère : maraîchage, verger et ruches occupent l'espace disponible.	EUROPLASTIQUES	79
6	Un **déménagement de l'outil de production** était essentiel pour améliorer les conditions de travail des salariés. Mais déménager 180 machines qui font jusqu'à 12 tonnes et qui prennent plusieurs mois pour être remises en service, cela fait un déménagement étalé sur 10 ans. On s'inscrit ici aussi dans le temps long !	SOPHIE HALLETTE	87

CLÉ 2 : ÉCRIRE AVEC LES COLLABORATEURS
LA MISSION, LA STRATÉGIE, LES VALEURS

Partage - Ambition collective

L'avènement des entreprises à mission pouvait sembler être un gadget. Notre livre prouve l'inverse. Il s'agit d'une considérable avancée. Mettre par écrit la raison d'être de son entreprise, au-delà du simple fait de faire du commerce, au-delà des aspects financiers, est un acte fondateur pour ceux qui choisissent cette voie. L'intégrer à ses statuts est un acte fondateur. De manière générale, la quasi-totalité des entreprises rencontrées a écrit sa raison d'être, sa mission, ses valeurs, sa stratégie. Cela leur semble une évidence pour que chacun, collaborateur, partenaire, fournisseur ou client sache en toute transparence les socles et les choix qui balisent le chemin choisi par l'entreprise.

IDEES N°	BONNES PRATIQUES / EXEMPLES	ENTREPRISES	PAGES
7	**Devenir une société à Mission.**	CETIH, AUDDICÉ, NEWTON OFFICES...	103, 71, 63
8	**Afficher sur les murs mission, raison d'être, valeurs.**	CETIH	103

Dans le tome 1, je raconte comment, au sein de WorldCast, l'affichage des valeurs sur les murs permet, lors des recrutements, de vérifier l'accord des candidats avec la culture d'entreprise.

Mission, stratégie et valeurs, ne sont pas décidées seul par un homme ou une femme : nos Inspirants se sont appuyés sur leurs équipes. Ils ont fait un travail collaboratif.

IDEES N°	BONNES PRATIQUES / EXEMPLES	ENTREPRISES	PAGES
9	La stratégie, les 6 axes de développement de l'entreprise ont été définis au sein d'un **groupe de travail regroupant une cinquantaine de collaborateurs**. Des axes forts, comme par exemple le choix de la croissance externe. Évidemment, lorsque la stratégie se met en place, l'adhésion des équipes est facilitée.	GÉOTEC	39
10	Hygiène Office, souvent de manière intuitive et opportuniste, a fait nombre de ses **choix de développement stratégiques sous l'impulsion de collaborateurs**.	HYGIÈNE OFFICE	19
11	Chez Auddicé, le **nom de la société a été défini par les collaborateurs**, en cohérence avec ses valeurs et sa raison d'être. L'ambition est écrite par le collectif, qui ne peut donc logiquement qu'y adhérer.	AUDDICÉ	71

CLÉ 3 : LIBÉRER LA PAROLE, ÉCOUTER, ESSAYER !

Innovation* - *Ambition collective* - *Compétence

Pour que les collaborateurs vous donnent des idées, participent au bouillonnement créatif de l'entreprise, encore faut-il qu'ils se sentent libres de parler. La libération de la parole est essentielle. Au sein de Worldcast, nous avions comme valeur interne (affichée sur les murs !) le droit à l'erreur. En effet, si un collaborateur a le droit de se tromper, il se permet alors plus facilement d'exprimer ses idées. Bien entendu, le droit à l'erreur sous-entend le devoir de se corriger !

Des brainstormings, tout le monde en fait. Avoir des idées est donc relativement simple. En revanche, lorsqu'il s'agit de **mettre concrètement en place les idées des collaborateurs, il y a moins de monde** ! il est donc essentiel de se doter de budgets dédiés, de moyens financiers pour mettre en œuvre les idées des collaborateurs. C'est le cœur du réacteur. En général c'est gagnant car il n'y a pas que les dirigeants à avoir un beau cerveau : il y a du génie dans toutes nos équipes et nombre d'idées feront progresser l'entreprise et seront très rentables. À chaque mise en œuvre d'une proposition issue des équipes, l'entreprise deviendra un peu plus celle des collaborateurs. C'est un très bon moyen pour renforcer le sentiment d'appartenance, donner du sens et ainsi fidéliser les équipes.

Et parmi les apporteurs d'idées, vous trouverez parfois un « intrapreneur ». Il a la volonté de développer son projet mais pas en créant sa société, en le réalisant en interne. Soutenez-le, donnez-lui sa chance. L'entrepreneur de l'intérieur est le *startuper* interne, votre champion du développement.

IDEES N°	BONNES PRATIQUES / EXEMPLES	ENTREPRISES	PAGES
12	Chez Hotravail, on se dit tout, on se « frite » pour en fin de compte prendre les meilleures décisions. Les idées, si elles semblent bonnes, sont mises en œuvre : **« on essaye, on essaye. »** Si l'expérimentation donne de bons résultats, alors on pérennise. Sinon, rien de grave : on a juste à expérimenter de nouveau.	HOTRAVAIL	29
13	*« On a arrêté de compter les idées mais elles se comptent en centaines. »* Alors sur chaque site, il y a **2 ou 3 personnes chargées de la mise en place des idées** nouvelles pour améliorer les process au quotidien : des super bricoleurs. 80 % des idées ne demandent pas de très gros budgets.	CETIH	103
14	**Les entrepreneurs de l'intérieur** font souvent progresser l'entreprise. Des individus qui ont des idées, de l'énergie, la soif d'assouvir leur envie d'entrepreneuriat, mais au sein d'une structure. Chez Géotec, des agences ont ainsi vu le jour autour du projet proposé par un collaborateur. Chez Hygiène Office, des pans entiers d'activités sont ainsi nés.	GÉOTEC HYGIÈNE OFFICE	39 19

CLÉ 4 : FORMER LA MEILLEURE ÉQUIPE POSSIBLE

Compétence

Les entreprises que nous avons rencontrées ont arrêté de se lamenter sur la difficulté de recruter.

Lorsque votre métier est atypique - métier de niche ou souffrant d'une mauvaise image - le système éducatif a du mal à vous proposer des candidats. La formation interne, la création ou le rachat de centres de formations, seul ou à plusieurs, sont pour beaucoup des solutions.

Embaucher des personnes sur leur savoir-être puis les former. Voici une clé pour recruter.

IDEES N°	BONNES PRATIQUES / EXEMPLES	ENTREPRISES	PAGES
15	**Rachat d'un centre de formation** sur le port de La Rochelle. L'opération se fait avec une autre entreprise. Toutes les embauches se font sur le savoir-être.	SICA ATLANTIQUE	55
16	La **création d'un centre de formation** qui bénéficie aux collaborateurs, clients, professionnels du métier...	CETIH	103
17	**La formation interne est généralisée dans toutes les entreprises.**	HYGIÈNE OFFICE, GÉOTEC, ANDROMÈDE...	19, 39 47
18	Mise en place de tutorat interne, sur le modèle du compagnonnage qui dure parfois 2 ou 3 ans.	SOPHIE HALLETTE	87

Nos Inspirants sont tous animés par la volonté d'avoir autour d'eux les meilleurs à chacun des postes, et même les meilleurs tout court, souvent plus performants que le dirigeant lui-même.

Une leçon d'humilité ? De pragmatisme ? Certainement un peu des deux.

IDEES N°	BONNES PRATIQUES / EXEMPLES	ENTREPRISES	PAGES
19	Le comité de mission est présidé par **une prospectiviste experte de l'environnement et de la RSE**.	CETIH	103
20	L'embauche des **jeunes diplômés** pour bénéficier des enseignements récents porteurs des **technologies à la pointe**. (ADN environnemental par exemple).	ANDROMÈDE	47

CLÉ 5 : DONNER DU SENS ET DU BIEN VIVRE POUR FIDÉLISER LES ÉQUIPES

Partage - ***Ambition collective*** - ***Compétence***

Certains de nos Inspirants ont de la chance. S'occuper de la santé des fonds marins (Andromède Océanologie), donner du travail à des handicapés (Hotravail), exercer un métier du Patrimoine Vivant (Sophie Hallette) : voici des exemples de métiers qui sont en eux-mêmes porteurs de sens. Mais lorsque vous êtes dératiseur, que vous fabriquez des emballages plastique, ou que vous faites des trous dans le sol, c'est certainement moins évident.

Dans tous les cas, Il faut **donner du sens au travail de chacun.**

IDEES N°	BONNES PRATIQUES / EXEMPLES	ENTREPRISES	PAGES
21	Des journées sont données aux salariés dans le cadre du **mécénat de compétence**. Ils les utilisent pour s'investir dans l'association de leur choix.	NEWTON OFFICES AUDDICÉ	63 71
22	**Une partie des bénéfices** de la société est répartie sous forme de dons à des associations. Cela se fait sur proposition de collaborateurs suivie d'un vote des salariés.	AUDDICÉ	71
23	Une partie des **bénéfices est confiée à une fondation ou un fonds de dotation.**	GÉOTEC, CETIH	39, 103
24	**Une « journée des familles » permet de développer la fierté** des collaborateurs envers leur entreprise.	SICA ATLANTIQUE	55
25	Développer des produits siglés avec fierté « Made In France ».	SOPHIE HALLETTE	87
26	Des **offres commerciales avantageuses** nommées « Bureau à Impact » sont réservées aux associations, ou jeunes entreprises à vocation solidaire.	NEWTON OFFICES	63
27	Un blog ou **un podcast pour mettre en avant les entreprises et initiatives** qui réussissent. « Extra Muros » par exemple.	NEWTON OFFICES	63

Sans oublier **d'améliorer les conditions de travail et de créer des lieux où il fait bon vivre.**

IDEES N°	BONNES PRATIQUES / EXEMPLES	ENTREPRISES	PAGES
28	Des **jardins potagers et partagés** sont un moyen d'échanger et de développer le bien-vivre dans l'entreprise. Aux Vignobles André Lurton les œufs sont une alternative aux artichauts cultivés chez Europlastiques. Souriant !	HYGIÈNE OFFICE EUROPLASTIQUES VIGNOBLES ANDRE LURTON	19 79 95
29	**L'amélioration des conditions de travail** est gérée en continu par des équipes dédiées, dans chaque usine. Et tout le monde donne des idées !	CETIH	103
30	**Un cadre de travail magnifié** par des œuvres d'art contemporain. Splendide !	GÉOTEC	39
31	**Rites et Réjouissances.** Passer de bons moments entre collaborateurs est essentiel. Rugby, balades en moto... tout est bon pour bien vivre.	SICA ATLANTIQUE	55

CLÉ 6 : LIMITER LES FRICTIONS, INTERNES ET EXTERNES

Innovation - Partage - Compétence

Dans le premier tome de l'Entreprise Rayonnante, je développais une idée : la limitation des frictions dans la relation avec ses clients est essentielle pour gagner des marchés. Ainsi, chez WorldCast, nous avions décidé d'investir dans la traduction de nos documents commerciaux ou de travail, car utiliser seulement l'anglais est un frein pour nombre de clients à travers le monde. Nous avons ainsi traduit nos interfaces utilisateurs en plus de 10 langues : celles de nos clients.

Cette volonté de diminuer ces frictions est aussi essentielle en interne.

À la fin, salarié ou client, tout le monde sera gagnant.

IDEES N°	BONNES PRATIQUES / EXEMPLES	ENTREPRISES	PAGES
32	Des tables rondes pour permettre une **mise en place plus fluide des projets** clients sur mesure. La coordination des différents métiers peut générer des frictions. L'organisation interne a pour objectif de les limiter.	SOPHIE HALLETTE	87
33	Dans un métier où le risque industriel est toujours présent, il a été choisi de faire **des jeux de rôle, sur 2 jours, comme en situation réelle**. Une épreuve difficile qui permet de gagner en sérénité pour affronter les vraies crises.	SICA ATLANTIQUE	55
34	Chez Andromède, le recrutement des nouveaux éléments induit de passer une période de mission en mer. **Plusieurs jours de promiscuité dans un lieu exigu**, cela permet de voir si les relations entre les individus est possible sans frictions, au premier sens du terme.	ANDROMÈDE	47
35	La mise en place **d'un outil de communication interne a permis de limiter les emails** et d'améliorer la fluidité de l'information. Tuer les emails internes permet souvent de simplifier la communication.	POSSON PACKAGING pour DIRIGEANTS RESPONSABLES	113
36	Des équipements électriques **moins lourds et moins bruyants permettent de diminuer la fatigue.** Les salariés vivent mieux, mais aussi les clients et les voisins des clients. Vive les tondeuses silencieuses !	HOTRAVAIL	29

CLÉ 7 : « ÉCOFILTRER » LES IDÉES

Environnement - *Innovation*

L'environnement est l'un des sujets majeurs de ce livre.

Tous les Inspirants que nous avons interviewés ont conscience de l'impact de leur activité sur l'écologie de notre planète. Ils ont décidé de se lancer dans l'amélioration de leur modèle d'affaires pour répondre aux exigences de notre temps.

La plupart d'entre eux ont intégré l'environnement dans leur système de prise de décision. En amont, ils « *écofiltrent* » leurs idées pour ne garder que celles compatibles avec le verdissement de leur activité.

IDEES N°	BONNES PRATIQUES / EXEMPLES	ENTREPRISES	PAGES
37	Même s'il est difficile de mesurer l'impact concret des actions sur l'environnement, la mise en place d'indicateurs est essentielle pour mesurer l'ampleur des actions entreprises. **Le bilan carbone,** par exemple, permet d'identifier les axes d'amélioration au sein de la société.	POSSON PACKAGING pour DIRIGEANTS RESPONSABLES	113
38	Chez Cétih, chaque nouvelle idée de produit est évaluée sur le plan environnemental. **Un indicateur d'impact** a été mis en place par les ingénieurs de la maison. Les projets non vertueux sont éliminés en amont.	CETIH	103
39	L'écoconception des produits se généralise. Les bouteilles en verre s'allègent chez André Lurton, à l'instar des emballages plastique fabriqués chez Europlastiques. **Moins c'est lourd, moins ça pollue !**	VIGNOBLES ANDRE LURTON EUROPLASTIQUES	95 79
40	L'amélioration est intégrée dans **un plan de transformation durable**, chez Sophie Hallette, qui a déjà largement progressé tant pour ses fils que pour la teinture de ses dentelles.	SOPHIE HALLETTE	87
41	Réfléchir avec les équipes, en interne ou en externe, au sein d'un groupe comme CEC permet d'**imaginer des solutions innovantes. Les essayer aide à filtrer les plus adaptées à votre activité**. Les solutions contre le gel aux Vignobles André Lurton sont un bon exemple de l'incrémentation pragmatique des solutions.	NEWTON OFFICES VIGNOBLES ANDRE LURTON	63 95
42	**Être le premier à innover, en particulier dans l'environnement, est parfois un bon risque à prendre**. La station de « smart charging » installée chez Hotravail est une première : les batteries des voitures en recharge servent aussi de ressource pour le réseau électrique local. Tout le monde en parle. C'est tout bonus.	HOTRAVAIL	29
43	**La labellisation** (les labels, certifications ou normes et homologations sont nombreux) permet de donner un cadre précis et souvent contraignant pour son activité. Choisissez celle qui est adaptée à votre activité.	DIRIGEANTS RESPONSABLES	113

CLÉ 8 : ÊTRE COHÉRENT ET EXEMPLAIRE

Innovation - Ambition collective - Compétence - Partage - Environnement

Faire des brainstormings, écrire sa mission, parler de ses valeurs, c'est super.

Mais il ne faut pas oublier de **dire ce que l'on fait et de faire ce que l'on dit**. Il est essentiel d'avoir une implacable cohérence entre le discours et les actes : « Un grand pouvoir implique de grandes responsabilités », n'est-ce pas ?

Le greenwashing et le fake Management sont à proscrire. Sinon, les collaborateurs ne nous suivent pas... A raison.

Nos Inspirants sont guidés par les faits et les actions plus que par des beaux discours.

Être exemplaire, c'est-à-dire mettre en accord ses actes et ses déclarations, est donc assez simple pour eux.

C'est pour cette raison que nous les avons choisis.

IDEES N°	BONNES PRATIQUES / EXEMPLE	ENTREPRISES	PAGES
44	Chez Auddicé, le jardin et **les nouveaux locaux viennent parfaitement illustrer ce qui est conseillé** par les écologues de la société. Exemplaire.	AUDDICÉ	71
45	Chez André Lurton, le parc du château La Louvière est ouvert à tous. Il fait partie du patrimoine commun. En **ouvrant ses portes à ses voisins, le partage est manifeste, concret.**	VIGNOBLES ANDRE LURTON	95
46	Pour François Guérin, le dirigeant de Cétih, **tous nos choix, y compris celui de sa voiture, sont des actes politiques**. Les dirigeants sont exposés et nos actes observés. Autant les mettre en accord avec nos théories et nos discours.	CETIH	103
47	Pour Harmonie Mutuelle, la rédaction des « Boîtes à Mieux » permet de **partager les bonnes expériences**, les bonnes pratiques. Un bon moyen de prouver que l'esprit mutualiste est bien vivant. Et je trouve cela bien plus judicieux qu'un spot de pub à la télévision.	HARMONIE MUTUELLE pour DIRIGEANTS RESPONSABLES	113
48	Parler de RSE, c'est bien, **mais avoir une équipe dédiée, dotée de moyens** pour mettre en place sa politique RSE, c'est encore mieux.	NEWTON OFFICES	63

CLÉ 9 : SORTEZ ET ENGAGEZ-VOUS

Innovation - *Ambition collective* - *Compétence* - *Partage* - *Environnement*

« Un dirigeant qui sort, c'est un dirigeant qui s'en sort. »

Corinne Vieillemard, Hygiène Office

Voici quelques structures découvertes ou redécouvertes durant nos interviews.

IDEES N°	BONNES PRATIQUES / EXEMPLE	ENTREPRISES	PAGES
49	**CEC**. Une annexe est consacrée à cette association qui a pour but de faire pivoter les entreprises vers des modèles « régénératifs du vivant ».	ANNEXE 2 NEWTON OFFICES	137 63
50	**Dirigeants Responsables** est une association remarquable. **Le réseau Alliances** est l'organisateur du Forum Mondial de l'Économie Responsable et des Trophées de l'Économie Responsable.	CETIH DIRIGEANTS RESPONSABLES AUDDICÉ	103 113 71
51	Nombre de nos Inspirants sont à **l'APM** (Association pour le Progrès du Management). Une structure de formation pour les dirigeants. Dans leur jeunesse, certains faisaient partie du **CJD**. Le Centre des Jeunes Dirigeants permet aussi de se former, d'échanger, d'expérimenter.	Presque tous	
52	**La quasi-totalité de nos Inspirants s'engage** pour faire changer les choses : ici, président d'une CCI, là, actif au sein d'un syndicat professionnel ou encore auteur d'un livre pour sauver la Méditerranée.	Presque tous	

CLÉ 10 : RESTER PASSIONNÉ ET MÊME... DEVENIR OPTIMISTE

Ambition collective - *Compétence*

Ce qui m'a le plus marqué durant mon expédition, c'est ce mélange de passion et d'optimisme qui anime nos 12 inspirants. Comment cela est-il possible ? Est-ce leur nature profonde ? Nos inspirants sont-ils « de naissance » des optimistes passionnés ? Je crois surtout **qu'ils ont construit un environnement stable et serein qui décuple leur confiance**.

Cela leur donne plus de chances de réussir.

« Être optimiste ce n'est pas dire qu'il n'y a pas d'emmerdes,
c'est être certain qu'on va imaginer une solution aux problèmes, ensemble »

Serge Dessay, Hotravail.

ANNEXE 1 : SOCIÉTÉ A MISSION ?

La qualité de société à mission, qu'est-ce que c'est ?

La qualité de société à mission a été introduite par la loi Pacte. Elle permet aux entreprises qui le souhaitent de **se doter d'une raison d'être intégrant la prise en compte des impacts sociaux, sociétaux et environnementaux de leurs activités**. La finalité est de concilier la **recherche de la performance économique** avec la **contribution à l'intérêt général**. Les principaux avantages de devenir une société à mission sont les suivants :

Donner du sens aux activités de l'entreprise en fédérant les équipes autour d'une ambition commune (actionnaires, salariés, partenaires).

Améliorer l'image de marque de l'entreprise en affirmant la raison d'être de l'entreprise auprès de ses parties prenantes.

Collaborer avec une pluralité d'acteurs dans le domaine de la mission que l'entreprise s'est fixée.

Améliorer la performance économique de l'entreprise grâce à l'innovation.

Se protéger contre les rachats hostiles.

Améliorer la marque employeur.

Comment obtenir la qualité de société à mission ?

La société à mission est une **qualité**. Les entreprises volontaires n'ont donc pas besoin de changer de forme juridique pour devenir des sociétés à mission. Elles doivent inclure dans leurs statuts les éléments suivants :

La **notion de raison d'être de l'entreprise** au sens de l'article 1835 du code civil, le ou les **objectifs sociaux et environnementaux** que la société se donne pour mission de poursuivre dans le cadre de son activité et enfin les **modalités du suivi de l'exécution des missions**.

Pour les entreprises de plus de 50 salariés, une gouvernance spécifique doit être mise en place pour contrôler l'adéquation entre la raison d'être de l'entreprise et les pratiques. Ce comité de mission est distinct des organes sociaux et doit comporter au moins un salarié. Il est chargé exclusivement du suivi de la mission : il vérifie que chaque décision prise tient compte les critères sociaux et environnementaux et rédige un rapport annuel.

Comment fonctionne le contrôle de l'exécution des missions par un organe indépendant ?

Inscrire une mission dans ses statuts marque un engagement fort pour une entreprise. Cet acte engage formellement les dirigeants et les actionnaires à déployer les moyens nécessaires (financiers, humains, logistiques) pour poursuivre cette mission. C'est pourquoi la réalisation des objectifs fait l'objet d'une vérification par un organisme tiers indépendant (OTI), et cela tous les deux ans.

Pour rendre son avis, l'organisme tiers indépendant peut avoir accès à tous les documents détenus par la société qu'il juge utiles. Il peut procéder à des vérifications sur place et doit notamment avoir accès au rapport annuel établi par le comité de mission. L'avis de l'organisme indique si la société respecte ou non les objectifs fixés. Le cas échéant, il mentionne les raisons pour lesquelles les objectifs n'ont pas été atteints ou pour lesquelles il lui a été impossible de parvenir à une conclusion.

En cas de non atteinte des objectifs, une procédure de retrait de la qualité de société à mission peut être engagée auprès du président du tribunal de commerce compétent. Ce dernier peut ordonner au représentant légal de la société de supprimer la mention « société à mission » de tous les actes, documents ou supports électroniques émanant de l'entreprise. Cette procédure peut être engagée par le ministère public ou toute personne intéressée.

Source utilisée pour cette annexe : BERCY INFOS ENTREPRISES

ANNEXE 2 : CEC

Une association qui mérite le détour

La convention des Entreprises pour le Climat
existe pour rendre irrésistible la bascule
de l'économie extractive
vers l'économie régénérative[81],
avant 2030.

CONVENTION DES ENTREPRISES
POUR LE CLIMAT

Alors qu'Anthony Anziani, de Newton Offices, un de nos Inspirants, m'avait vanté l'intérêt de la CEC, je reçois quelques jours plus tard, revenu dans mon fief bordelais, une invitation à un petit-déjeuner pour découvrir cette association.

Après une première édition nationale en 2021/2022, une déclinaison régionale est en cours de déploiement dans l'ensemble des territoires français. J'écoute les témoignages d'entrepreneurs qui ont déjà suivi le parcours CEC, ou qui ont choisi de suivre le prochain qui se déroulera en Nouvelle Aquitaine. Sont présents plusieurs personnes engagées dans la vie de notre cité girondine : le président de la Chambre de Commerce, des présidents d'associations comme 60 000 rebonds[82]... La CEC fait bouger le landernau local.

---

[81] **Extractive** : on puise dans les ressources de la planète. **Régénérative** : s'engager vers la génération d'impacts positifs nets pour les écosystèmes et la société. Par exemple, séquestrer plus de carbone que l'entreprise n'en émet, régénérer davantage de biodiversité que celle détruite par l'activité, renaturer et revégétaliser.

[82] 60 000 rebonds est une association nationale qui accompagne les entrepreneurs pour rebondir après une faillite.

Le message est simple, concret, fait pour le monde de l'entreprise : des faits, des chiffres, des perspectives.

Un constat : l'urgence climatique, la biodiversité en danger, la pollution.

Un objectif : mettre en mouvement les acteurs économiques pour trouver des solutions concrètes.

Une méthode : des parcours de transformation structurés en sessions thématiques qui mobilisent l'intelligence des participants pour produire des conclusions écrites, des engagements concrets.

Je dois avouer avoir été positivement ébranlé par cette force de conviction. Ici, comme lors de mes rencontres avec nos 12 Inspirants, pas de défaitisme, mais une foi inébranlable en l'innovation humaine, en notre capacité à changer et à faire changer.

Nous sommes prévenus : si les dirigeants en personne sont tenus de participer au parcours et être présents aux différentes sessions, c'est parce qu'il va falloir modifier en profondeur la manière de travailler dans nos entreprises. Et pour transformer son business modèle, pour « pivoter » vers des modèles régénératifs, respectueux du vivant, seuls les dirigeants peuvent prendre ou initier les décisions.

Une fois de plus, le constat sur le collectif est clair : si j'y vais seul, je serai moins bon et je vais m'épuiser. Si un groupe y va, la force du collectif va créer de l'émulation, apporter des idées, fournir du soutien, donner du courage.

Le retour des premiers protagonistes est impressionnant. Leur enthousiasme est communicatif.

Chef d'entreprise, je sais combien les organisations privées peuvent être efficaces. La CEC ne veut pas attendre les pouvoirs publics, les contraintes législatives et les obligations règlementaires. Elle veut initier une vague de fond pour aller au-delà de la simple responsabilité. Au sein de la CEC, ils veulent construire la nouvelle norme.

Je crois bien qu'ils vont réussir.

J'avais envie de les soutenir en parlant d'eux dans cet ouvrage.

Leur site internet : cec-impact.org

ANNEXE 3 : WORLDCAST

De l'expérimentation managériale à la naissance de « La quête de l'Entreprise Rayonnante »

Worldcast a tout d'une grande entreprise...

Un centre de recherche et développement donne naissance chaque année à des produits innovants.

La production des équipements électroniques est réalisée en interne.

Les logiciels nécessaires à leur bon fonctionnement sont conçus sur place.

Puis les produits voyagent dans le monde entier, dans plus de 100 pays.

70 salariés pour 100 pays, ce n'est pas une mince affaire.

Chaque personne compte. Chaque énergie humaine est essentielle. Tout doit être optimisé.

Un lieu idéal d'expérimentation managériale

qui a permis l'éclosion du concept d'Entreprise Rayonnante.

L'activité de WorldCast

La société est le premier fabricant européen d'émetteurs de radio FM. Sans ses produits, vous ne pourriez pas écouter vos émissions et musiques préférées. Radio France, NRJ, RTL... mais aussi la BBC en Angleterre, la RAI en Italie... Les plus grands opérateurs du monde de la radio utilisent les produits de l'entreprise : des équipements électroniques qui transportent le son de vos émissions préférées du studio jusqu'à votre poste de radio. Leader en Europe, la société est depuis peu montée sur le podium mondial dans son secteur.

Des produits éco-conçus

Créée dans les années 80, la longévité de l'entreprise s'explique par son innovation permanente. Les derniers produits sont éco-conçus et leur consommation électrique hyper optimisée permet aux clients de faire de très importantes économies d'énergie... un avantage colossal à l'heure de la crise énergétique. Pour cette innovation, elle vient de recevoir aux Etats-Unis le prestigieux « Excellence in Sustainability Award », l'équivalent dans le métier de la société de l'Oscar pour le cinéma ! Elle est aussi devenue « lauréat Greentech pour la décarbonation de l'industrie ». Une performance remarquable pour une entreprise de taille aussi modeste.

NABSHOW EXCELLENCE IN SUSTAINABILITY AWARD PRESENTED BY AWS

MINISTÈRE DE LA TRANSITION ÉCOLOGIQUE
Liberté Égalité Fraternité

GREENTECH INNOVATION

Un management en quête perpétuelle

Le système managérial de la société est présenté de manière concrète et par l'exemple dans le livre « La quête de l'Entreprise Rayonnante ». Anciennement dirigeant de la société, Bruno ROST a cédé ses participations à 3 de ses cadres qui développent l'entreprise avec succès tout en suivant une voie managériale éclairée.

En savoir plus sur le site :

worldcastsystems.com

ANNEXE 4 : PROXIMITÉ CARBONE

Plus compensé qu'on pensait...

Les EDITIONS RAYONNANTES
ont décidé de reprendre le flambeau allumé par WorldCast,
en assurant la gestion du fonds de dotation « Proximité Carbone »

« Nous plantons des arbres, près de chez nous, en France.
Des haies bocagères pour rétablir l'équilibre naturel,
réduire la consommation d'insecticides,
restaurer le bocage pour limiter érosion et inondations,
créer des haies coupe-vent, etc. »

Proximité Carbone
Depuis 2010
Fonds de dotation des Éditions Rayonnantes

EDITIONS RAYONNANTES ENTREPRISE & MANAGEMENT

L'activité de nos éditions, les ouvrages que nous publions, tout est largement compensé. Nous suivons en ce sens la bascule prônée par CEC vers une économie régénérative. Nos donations permettent de planter les arbres qui constituent nos puits de carbone.

Le livre que vous lisez est plus compensé qu'on pensait...

De plus, après chaque plantation, avec les autres donateurs volontaires, nous allons boire un verre chez les maraîchers bio, les vignerons engagés et les petits agriculteurs chez qui nous plantons.

Des rencontres de proximité, de l'humain... la vie.

En savoir plus sur Proximité Carbone

Site : proximité-carbone.fr

Des mêmes auteurs aux Éditions Rayonnantes, en librairie en 2024 :

Bruno Rost : « La quête de l'Entreprise Rayonnante »

Jean Lecourieux-Bory : « Petit Patron »

Ou sur le site : entreprise-rayonnante.fr

REMERCIEMENTS

À **Jean-Charles François et aux équipes de Crowe**, que je tiens à remercier en premier lieu.
Même si Crowe France, dont Jean-Charles est le président, apparaît dans cet ouvrage comme un partenaire, ce réseau aurait pu figurer dans un des chapitres du livre. La RSE est chez eux un vrai sujet et l'humain une préoccupation de chaque instant.

Aux **12 Inspirants** présents dans le livre. Ils ont su nous faire vibrer, Jean et moi. Chaque rencontre a été un moment de bonheur, d'enthousiasme et d'optimisme partagé. Ils ont les mêmes problèmes que tous les autres dirigeants, mais leur vision les aide à transcender les obstacles.

À **Sophie de Menthon**, pour sa chaleureuse préface.

À **Jean-Marie Courrent**, directeur du LabEx Entreprendre, pour son éclairage académique.

À **François Hue**, qui a collaboré à l'écriture des textes à mes côtés. Son aide a été précieuse.

À tous **ceux qui ont posé avec sourire** devant l'objectif de Jean Lecourieux-Bory et en particulier
à **Églantine** pour la compétence, **Oriane** pour l'ambition et **Henri** pour l'innovation.

À **mes proches**, forcés de relire mes textes avant publication.

À tous ceux qui ont participé à porter cet ouvrage dans les librairies, **relecteur, metteur en page, imprimeur, diffuseur ou distributeur**, des hommes et des femmes de l'ombre sans qui ce livre n'existerait pas.

À **Denis Mollat**, pour ses conseils avisés et son soutien sans faille.

À **Gilles Paris**, notre attaché de presse pour son action auprès des médias.

À **Daniel Werbrouck** qui a initié l'aventure de WorldCast il y a plus de 40 ans maintenant et à **Nicolas Boulay, Julien Chomat, et Christophe Poulain** qui la font perdurer avec brio.

Et surtout à **Jean Lecourieux-Bory**.
Ce livre est autant sa production que la mienne. Ses photographies réalisées avec passion et malice ont su révéler avec brio l'esprit des Inspirants que nous avons rencontrés.

Et en plus, il fait des omelettes incroyables... presque Rayonnantes.

Certifié PEFC

Ce produit est issu de forêts gérées durablement et de sources contrôlées.

PEFC™
10-31-2722

pefc-france.org

Papier issu de forêts certifiées PEFC.

Les émissions de carbone liées à l'écriture et l'édition de ce livre sont largement compensées

avec Proximité Carbone.

Proximité Carbone
Depuis 2010
Fonds de dotation des Éditions Rayonnantes

Achevé d'imprimer à Saint Amand Montrond en septembre 2023 à l'imprimerie CLERC.

ISBN : 978 - 2 - 9588391 - 0 - 9 Dépôt légal, septembre 2023.

Distribution Pollen.

Tous droits réservés. Reproduction interdite sans accord préalable des auteurs.

Bruno ROST : rost@entreprise-rayonnante.fr / Jean Lecourieux-Bory : lb@entreprise-rayonnante.fr

FABRIQUÉ EN FRANCE

EDITIONS RAYONNANTES ENTREPRISE & MANAGEMENT

Site internet : entreprise-rayonnante.fr